A Practical Guide to Using Corpora in English Language Teaching

英語教師のための
コーパス活用ガイド

赤野一郎・堀 正広・投野由紀夫 ――［編著］
Akano Ichiro　Hori Masahiro　Tono Yukio

大修館書店

はしがき

　本書のキーワードは「コーパス」と「コロケーション」です。まず、コーパスというキーワードですが、今ではこの言葉は英語学や英語教育の分野で普通に耳にしますが、この言葉が英語教育の現場で広まったきっかけは、本書の編者達が関わった 2003 年の 2 つの出来事だと思います。1 つは編者の 1 人である赤野がコーパスに依拠した国内初の学習英和辞典、『ウィズダム英和辞典』(井上・赤野, 2003) を出版したことです。この辞典は企画段階からコーパス言語学の方法論を導入し、コーパス分析の結果を、見出し語選定、語義記述、用例作成、語法注記などに反映させています。もう 1 つは同年 4 月に NHK 教育テレビで、編者である投野が講師を務めた「100 語でスタート！英会話」がスタートしたことです。同番組では BNC から統計的に抽出した 100 個の単語を題材としたテキストが使われました。

　次にもう 1 つのキーワードであるコロケーションに関しては、編者の堀が長年にわたり精力的に取り組んできたコロケーション研究が大いに関係しています。その成果は堀 (2009; 2011; 2012) などに現れていますし、第 2 章でもコロケーションの重要性が明快に解説されています。

　本書はこのように我が国におけるコーパス研究を支えてきた 3 人が、一昨年創設 20 年を迎えた「英語コーパス学会」の若手研究者に呼びかけ、中学校や高校、さらには大学の英語の先生に、コーパスに関する基礎知識と基本操作の方法を示し、教室の内外で広くコーパスを活用していただくことを意図して編まれた入門書です。

　本書の構成は大きく「基礎編」、「実践編」、「発展編」の 3 部から成っています。基礎編は本書の全体的意図を理解してもらうために、「コーパス」(第 1 章) と「コロケーション」(第 2 章) についての基礎知識・考え方を解説しています。実践編は 4 つに分かれます。実践編 1 は汎用コーパスに

関する解説と操作と活用方法を扱っています。実践編 2 は学習者コーパスに関する解説と操作・活用方法，事例研究の紹介です。実践編 3 は各自の目的に合った独自のコーパスの作成と活用の方法を解説しています。実践編 4 は英作文におけるコーパスの活用方法の事例紹介です。発展編は，コーパスをより有効に活用するための，統計処理の方法（第 16 章）と専門用語の解説およびツールの紹介（第 17 章）に充てています。

　本書の使い方について少し説明しておきます。基本的には前の章の内容が前提になって解説が進みますので，まず「基礎編」をお読み下さい。その後「実践編」「発展編」へと進んで下さい。「実践編」の 4 つのパートには，それぞれの章，および「基礎編」と内容を関連づけるために，きめ細かく参照指示を添えてありますので，興味あるパートから読んでいただいても理解できるように工夫してあります。巻末には「読書案内」を掲載してありますので，より深く理解したい場合には，解題を参考にこれらの文献をお読み下さい。

　企画段階から本書完成まで予想以上の時間がかかりました。当初の全体的構成を大幅に組み替えたため原稿の整理に時間を要し，またそれに伴い執筆者の方々に書き直しをお願いしたためです。それだけの時間をかけただけあって，本書 1 冊に，英語教育の現場におけるコーパス活用のノウハウを全て盛り込むことができたと自負しています。

　最後に本書刊行までの各段階で，適切な助言や有益なコメントを与えてくださった大修館書店編集部の板谷英昭氏に心よりお礼申し上げます。

2014 年 1 月
編者　赤野一郎
堀　正広
投野由紀夫

目　次

はしがき ………………………………………………………………………… iii
執筆者一覧 ……………………………………………………………………… xii

基　礎　編

第 1 章　コーパス活用のための基礎知識 ………………………………… 2
　1.1　はじめに 2
　1.2　コーパスとは 2
　1.3　コーパスを扱うには 5
　1.4　コーパスで何ができて，何が分かるか 6
　1.5　コーパス研究から見た効果的な語彙学習 8
　1.6　おわりに 9

第 2 章　コロケーション概説 ……………………………………………… 10
　2.1　はじめに 10
　2.2　コロケーションとは 10
　　　2.2.1　語彙的コロケーション 11 ／ 2.2.2　文法的コロケーション 12
　2.3　コロケーションの調査と留意点 13
　2.4　コロケーションと英語学習 14
　　　2.4.1　類義語の説明 (1)：hear と listen の場合 15 ／ 2.4.2　類義語の説明 (2)：see, look at, watch の場合 15 ／ 2.4.3　語彙指導：offer の場合 16
　2.5　おわりに 20

実践編 1　汎用コーパス

第 3 章　汎用コーパス概観 …………………………………… 22
- 3.1　はじめに 22
- 3.2　Brown 系コーパス 22
- 3.3　British National Corpus 24
- 3.4　WordbanksOnline 26
- 3.5　Corpus of Contemporary American English (COCA) 28
- 3.6　Sketch Engine 29
- 3.7　新聞・雑誌・その他のアーカイブ 30
- 3.8　コーパスとしてのウェブサイトと WebCorp Live 31
- 3.9　おわりに 33

第 4 章　汎用コーパス COCA の使用法 …………………………… 35
- 4.1　はじめに 35
- 4.2　利用者登録 36
- 4.3　基本的な検索方法 36
  - 4.3.1　インターフェース各部の働き 36 ／ 4.3.2　入力上の注意 39 ／ 4.3.3　活用形を一括で検索する 39 ／ 4.3.4　品詞を指定する 40
- 4.4　COCA で単語のふるまいを調べる 41
  - 4.4.1　語と語の相性（コロケーション）を調べる 42 ／ 4.4.2　類義語の使い分けを調べる 44 ／ 4.4.3　ある単語と同じように使える別の語を探す 45 ／ 4.4.4　コーパス間の比較で地域差を調べる 46
- 4.5　リストの保存 47
- 4.6　おわりに 47

第 5 章　汎用コーパス COCA を使った例文作成 …………………… 49
- 5.1　はじめに 49
- 5.2　文法項目を定式化する 49
  - 5.2.1　品詞を指定する 50 ／ 5.2.2　単語の検索にワイルドカードを利用する 51

5.3 特定の文法項目をコーパスから検索する 52
5.4 おわりに 58

第6章　BNCweb による汎用コーパス BNC の使用法 …………………………… 59
6.1 はじめに 59
6.2 利用者登録 59
6.3 基本的なコンコーダンサーとしての使い方 60
　　6.3.1 入力方法 60 ／ 6.3.2 検索結果の表示 61 ／ 6.3.3 ソート機能 62
6.4 検索対象となるデータを絞り込む 63
6.5 検索結果の分布を確認する 63
6.6 任意の語句のコロケーションを調べる 64
6.7 特殊な検索 65
6.8 活用例：特定のサブコーパスを分析する 67
　　6.8.1 サブコーパスを作る 67 ／ 6.8.2 サブコーパスの語彙頻度リストを作る 68 ／ 6.8.3 サブコーパスのキーワードを抽出する 69
6.9 おわりに 71

実 践 編 2　学習者コーパス

第7章　学習者コーパス概観 ………………………………………………………… 74
7.1 はじめに 74
7.2 学習者コーパスの利用目的と留意点 74
7.3 学習者コーパスの種類 75
　　7.3.1 書き言葉学習者コーパス 75 ／ 7.3.2 話し言葉学習者コーパス 79
7.4 学習者コーパスから分かること 79
　　7.4.1 学習者のデータを観察してみる 79 ／ 7.4.2 観察する際に大切にしたい視点 80 ／ 7.4.3 間違いやすい文法エラーのチェック 81
7.5 おわりに 85

第 8 章　JEFLL Corpus の使用法　86

8.1　はじめに　86
8.2　JEFLL Corpus の主要な機能　86
　　8.2.1　語句検索　87　／　8.2.2　品詞検索　89　／　8.2.3　共起検索　91　／　8.2.4　単語リスト　93
8.3　JEFLL Corpus の補助的機能　94
　　8.3.1　表示設定　94　／　8.3.2　サブコーパス　94　／　8.3.3　ダウンロード　95
8.4　おわりに　95

第 9 章　学習者コーパスを利用したチャンクの指導　97

9.1　はじめに　97
9.2　生徒が使えるチャンク　97
　　9.2.1　生徒が使えるチャンクを探る　97　／　9.2.2　授業に活かす工夫　100　／　9.2.3　JEFLL Corpus 利用上の留意点　102
9.3　生徒が目指すべきチャンク　102
　　9.3.1　English Vocabulary Profile (EVP)　102　／　9.3.2　生徒が目指すべきチャンクを探る　103　／　9.3.3　English Vocabulary Profile (EVP) 利用上の留意点　107
9.4　チャンクの指導法を探る　108
　　9.4.1　A2 レベルのチャンクを定着させる　108　／　9.4.2　B1 レベルのチャンクを使いこなす　109　／　9.4.3　B2 レベルのチャンクの語感をつかむ　111
9.5　おわりに　112

第 10 章　学習者コーパスを使った事例研究　114

10.1　はじめに　114
10.2　海外での事例研究　114
　　10.2.1　強意の副詞と形容詞のコロケーション　114　／　10.2.2　話し言葉におけるチャンク　116　／　10.2.3　書き言葉における助動詞の使用傾向の比較　118

10.3 国内での事例研究 119
 10.3.1 学習者による because の使用傾向 120 ／ 10.3.2 n-gram を用いたチャンクの抽出 121 ／ 10.3.3 学習者と母語話者の作文を区別する要因 124
10.4 学習者コーパスを用いた調査の課題と留意点 126
 10.4.1 データの規模 126 ／ 10.4.2 意味や誤りの分析の難しさ 126 ／ 10.4.3 データ処理のための知識と技量 127
10.5 おわりに 127

実 践 編 3　自作コーパス

第 11 章　コーパスの作成　130

11.1 はじめに 130
11.2 学習者コーパスの構築 130
 11.2.1 構築時の留意点 130 ／ 11.2.2 データの収集と保存 131 ／ 11.2.3 形式のチェックとデータ修正 134
11.3 教科書コーパスの構築 135
 11.3.1 ファイル名の付け方 135 ／ 11.3.2 サンプリング 135 ／ 11.3.3 テキストの入力 137 ／ 11.3.4 テキストの整形 137 ／ 11.3.5 タグ付け 141
11.4 おわりに 143

第 12 章　AntConc による自作コーパスの分析　144

12.1 はじめに 144
12.2 AntConc を概観する 144
12.3 AntConc を使ってみよう 146
 12.3.1 コンコーダンス（【Concordance】,【Concordance Plot】）146 ／ 12.3.2 共起語（【Collocates】），単語連鎖（【Clusters】, n-gram を調べる）149 ／ 12.3.3 単語リスト（【Word List】），特徴語リスト（【Keyword List】）151
12.4 おわりに 155

第 13 章　AntWordProfiler による教材作成 …………………………………156
　13.1　はじめに 156
　13.2　使用前の準備 156
　13.3　教材の分析 158
　　　　13.3.1 語彙プロファイルの作成 158 ／ 13.3.2 単語のレベル確認 161 ／ 13.3.3 レベルリストの読み込み 163
　13.4　教材の書き換え 167
　　　　13.4.1 類義語辞書を利用した難語の書き換え 167 ／ 13.4.2 難語の書き換えでテキストを読みやすくする 169
　13.5　おわりに 172

実 践 編 4　英作文指導でのコーパス活用

第 14 章　Google を活用した英作文指導 …………………………………174
　14.1　はじめに 174
　14.2　検索の基本 174
　　　　14.2.1 検索語句の入力と検索結果 175 ／ 14.2.2 フレーズ検索 175 ／ 14.2.3 サイト検索 175 ／ 14.2.4 OR/パイプ検索 177 ／ 14.2.5 ワイルドカード/アスタリスク検索 177 ／ 14.2.6 Google Fight 177
　14.3　具体的な検索例 178
　14.4　生徒の英作文の添削例 182
　14.5　おわりに 184

第 15 章　AntConc を使った英作文の自己診断と自己添削法 ……………………185
　15.1　はじめに 185
　15.2　自分の英作文を分析する 185
　　　　15.2.1 ある学生の英作文 185 ／ 15.2.2【Word List】を使って自己診断 187 ／ 15.2.3【Concordance】を使って自己診断 191 ／ 15.2.4 n-gram の作成機能を使って自己診断 194 ／ 15.2.5【Collocates】と【Concordance】を使って自己診断 195
　15.3　おわりに 196

発　展　編

第 16 章　コーパス活用のための統計処理 …………………………… 200
　16.1　はじめに 200
　16.2　統計的な方法 200
　16.3　関係を探る（相関分析）203
　　　　16.3.1 相関係数 203 ／ 16.3.2 散布図 205 ／ 16.3.3 相関分析で注意すること 206
　16.4　頻度に差があるかどうかを調べる方法（カイ二乗検定）207
　　　　16.4.1 語の数え方 208 ／ 16.4.2 カイ二乗検定 210 ／ 16.4.3 効果量（オッズ比）214 ／ 16.4.4 カイ二乗検定で注意すること 215
　16.5　おわりに 215

第 17 章　コーパスをより良く活用するために ……………………… 216
　17.1　はじめに 216
　17.2　コーパス活用のための発展的知識 216
　　　　17.2.1 CEFR とは 216 ／ 17.2.2 統計指標 217 ／ 17.2.3 lexical bundle とは 220 ／ 17.2.4 コーパス情報を活かした英和辞典 222
　17.3　コーパス活用のための各種ツール 224
　　　　17.3.1 CasualConc 224 ／ 17.3.2 HASHI 226 ／ 17.3.3 Google books Ngram Viewer 228 ／ 17.3.4 Web VP 230
　17.4　おわりに 232

読書案内 ……………………………………………………………………… 233
参考文献 ……………………………………………………………………… 236
索引 …………………………………………………………………………… 238

[執筆者一覧]

(五十音順，○は編者，執筆箇所は【 】内，肩書きは 2014 年 1 月現在)

○赤野一郎（京都外国語大学教授）【第 1 章】
　石井康毅（成城大学准教授）【第 6, 13 章，17.3.4】
　石川保成（京都外国語短期大学教授）【17.3.2】
　内田　諭（東京外国語大学特任講師）【第 4, 5 章，17.2.2】
　加野まきみ（京都産業大学准教授）【第 3, 4 章】
　鎌倉義士（愛知大学准教授）【第 2 章，17.2.3】
　阪上辰也（広島大学特任講師）【第 10, 11 章，17.3.1, 17.3.3】
○投野由紀夫（東京外国語大学大学院教授）【17.2.1, 17.2.4】
　仁科恭徳（明治学院大学専任講師）【第 11, 14 章】
　能登原祥之（同志社大学准教授）【第 7, 9 章】
　藤原康弘（愛知教育大学准教授）【第 8, 12 章】
○堀　正広（熊本学園大学教授）【第 2, 15 章】
　水本　篤（関西大学准教授）【第 16 章】

基礎編

第1章　コーパス活用のための基礎知識

1.1　はじめに

　この章では本書の内容をよりよく理解していただくためのコーパス活用の基礎的な事柄について解説します。最初にコーパスとはどのようなものなのかということを説明し，次いでどのようにすればコーパスを使えるようになるのか，そして最後にコーパスを使えばどのようなことが分かるのかについて解説します。

1.2　コーパスとは

　コーパス，つまり corpus（複数形は corpora（コーポラ））という語は，もともとラテン語の「身体」という意味だったのですが，転じて「作家の著作物の総体」を表すようになり，ヨーロッパの各言語に取り入れられ，今日では，言語学の専門用語として，言語研究のための資料の集まりを意味するようになりました。例えば，古くはジョンソンの『英語辞典』（*A Dictionary of the English Language*: Samuel Johnson, 1775）では，語の説明のために著名な作家の作品からの11万4千にのぼる引用例が使われました。これなども辞書編纂のために用いられたコーパスと言えます。

　ジョンソンは，辞書編纂のために用例を手作業で集めました。しかしながら読書の折に目に留まった表現を記録する収集方法には問題があります。たまたま読み手の注意を引いた特異な例は記録されますが，頻繁に目にする普通の例は見逃されがちです。偶然に支配された偏りのある資料からは正確なデータは得られません。やみくもに集めた言語資料は今日では「コーパス」と言いません。厳密には，コーパスとは言語研究のためにデ

ザインされ，そのデザインに基づき，バランスよく収集された電子データの集合体を言います。

　ではこのような方針に基づいて作られたコーパスにはどのようなものがあるでしょうか。一般に，コーパスは汎用コーパスと特殊目的コーパスに大別されます。汎用コーパスとは，様々な言語研究とその応用の目的に対処できるように，多種多様なソースからバランスよく集められ，電子化されたコーパスのことです（実践編1参照）。「均衡コーパス」(balanced corpus) と呼ばれることもあり，本書で取りあげる Corpus of Contemporary American English (COCA) と British National Corpus (BNC) がこれに当たります。特殊コーパスとは，その名前が示すように，特定の言語研究の目的に限定したコーパスのことです。本書の実践編2でとりあげる学習者コーパスはこれに含まれます。

　次にコーパスの中身を見てみましょう。コーパスは単にテキストのみで構成されているわけではありません。多くの場合，収録されているテキストに関する情報が一定の形式で組み込まれています。この種の情報を加えることをアノテーションと言います。アノテーションには2種類あり，テキストの属性情報付与と言語情報付与です。図1（次ページ）は学習者コーパスの属性情報の1例です。

　言語情報付与の代表的なものとして品詞のタグ付け (tagging) があります。各単語にコード化した品詞情報を振る作業のことです。付与された情報を品詞タグ (POS (Part Of Speech) tag) と言います。図2（次ページ）の <w > で囲まれた部分が品詞タグで，BNC で使われているタグです。品詞タグに用いられている記号の意味については，4.3.4, 5.2.1, 6.7 を，また実際のタグ付けについては 11.3.5 を参照して下さい。

　品詞タグ付けを行っておくと，句（動詞+information，副詞+形容詞など）や構文（受動態，進行形など）レベルの検索や，品詞別（leave の過去形，過去分詞形の left と「左」の意味の left など）の検索が可能になります。例えば図2の <w VBZ>is <w VVN>understood の部分は受動態になっています。つまり受動態を検索したいときには，VBZ (be 動詞) と

```
<header>
  <textnum>0057</textnum>
  <filedesc>
        <title>my family</title>
        <name>Kei Tanaka</name>
        <grade>10</grade>
        <date>2011-07-10</date>
  </filedesc>
  <textdesc>
        <medium>essay</medium>
        <domain>informative</domain>
        <genre>student writing</genre>
        <region>Japanese EFL</region>
  </textdesc>
```

図1　学習者コーパスにおける属性情報の例

```
<s n="26"><w AT0>The <w NN1>corporation <w VBZ>is <w
VVN>understood <w TO0>to <w VHI>have <w VVN>appealed
<w PRP>to <w AT0>the <w NN1>Department <w PRF>of <w
AT0>the <w NN1>Environment <w TO0>to <w VVI>intervene<c
PUN>.
```

図2　品詞タグ付きコーパスの例

VVN（過去分詞）を組み合わせればいいのです。

　品詞タグ付きのコーパスであれば，活用変化する語を検索する場合，活用形を一括して検索することもできます。ちなみに活用形を一括した単位を「レマ」(lemma) と呼びます。動詞 look を例にとれば，実際に使われる形は look, looks, looked, looking で「表記形」(word form) と呼ばれます。この4つの表記形を束ねたものがレマで，大文字で LOOK のように示すこともあります。辞書の見出し語と考えればいいでしょう。また表記形をひとまとめにすることを「レマ化」(lemmatization)，あるいは見出

し語化と言います。

1.3 コーパスを扱うには

　実際のコーパスは膨大な数のテキストファイルの集まりです。例えば自分でテキストファイルの集まりを持っている場合，ワープロソフトでそのファイルを開いて中身を見たり，ワープロの検索機能を使って語句を探すことはできますが，たくさんあるファイルを1つ1つ開いて読んだり，検索するのは実用的ではありません。テキストエディタ（ワープロからレイアウト機能や文字修飾機能，高度な印刷機能を省き，テキストファイル処理に便利な検索や置換機能を備えたソフト）を使えば，サイズの大きな大量のテキストファイルでも高速で処理できます。テキストエディタはコーパスを作成する場合に欠かせないツールです（第11章）。

　しかしながら，コーパスに含まれる語の数や種類を数えたり，語の頻度表を作成するには，ワープロやエディタでは間に合いません。そこで必要になるのが，「コンコーダンサー」(concordancer)というコーパスを検索するための専用のソフトです。本書ではAntConcという多機能なフリーウェアを推奨しています（第12章）。また，本書で紹介したコーパスサイト（第4, 6, 8章）は，コーパスとそれを分析する様々な機能を備えたインターフェースを提供していますが，最も基本的なのはコンコーダンサー機能です。

　コンコーダンサーとは「コンコーダンス」(concordance)を生成するプログラムのことですが，ではコンコーダンスとは何でしょう。本来コンコーダンスとは，特定の作家のすべての作品に含まれるすべての語に関する位置情報を配列した索引集のことですが，言語学の分野では，コーパスの検索結果を検索語とその前後のコンテクストと共に表示する形式を言います。図3（次ページ）のように検索対象語 (key word) を中央に配置し，その前後に一定の長さのコンテクストを表示する形式を，特に「KWIC (Key Word In Context: クイック) コンコーダンス」と呼びます。

　検索対象語は各行の真ん中に配置されるので「中心語」(node)，左右の

```
an life is a measure of Amnesty 's influence ." The art criticism in such books
y or places have had a determining influence on art ." "From the point of view
 , there can be no doubt as to the influence both of the constitution of 1937 i
following its enactment and of the influence of Roman catholic teaching on legi
schools were having an increasing influence on men to be of significant import
olism , no more allegory , no more influence of X and legacy of Y , no more bac
onderfully clean and restrained. The influence of the Alpine atmosphere can clear
```

図 3　influence の KWIC コンコーダンスの一部

語を「共起語」(collocate) と呼びます。このコンコーダンサーは検索語の左か右の特定の位置の語をキーにして，各行をアルファベット順に並べ替えるソートという機能を備えています。図 4（次ページ）は，influence の左 1 語目 (L1)，左 2 語目 (L2)，右 1 語目 (R1) をそれぞれ第 1 優先キー，第 2 優先キー，第 3 優先キーに指定しソートしている過程を示しています。ソートを行うことにより，同じ形のものが近辺に集まり，語の典型的な結合のパターンが浮かび上がってきます。influence が considerable と，さらに considerable influence が a, have および on と結合する様が見えてくるのが分かるでしょう。

　KWIC コンコーダンスのソート機能を使うことで，語と語の結合の相性，つまりコロケーションを明らかにすることができます。オンラインコーパス（第 4 章の COCA，第 6 章の BNC*web*，第 8 章の JEFLL Corpus）の検索インターフェースにも必ずこの機能が備わっています。コロケーションを調べるときに活用して下さい。また英語学習，特に語彙学習におけるコロケーションの果たす重要性については，第 2 章をお読み下さい。

1.4　コーパスで何ができて，何が分かるか

　コーパスを活用すればどのようなことができるのでしょう。英語の指導にどのように役に立つのでしょうか。この疑問に詳しく答えることが本書の目的ですが，ここでは本書全体の概略を説明します。

```
                              ↓ sort 1L
he extreme left , had considerable influence ; Rudi Dutschke formed an &bquo; e
 Monetarist ideas had considerable influence among economics ministers ."This
t hon. Friend use his considerable influence to ensure that the problems outsta
dynamic methods enjoy considerable influence , e.g. psychiatry .""He evidently
exhibitions gave it a considerable influence ."This gentler style was the prev
 neral .""It had very considerable influence in Germany up_to the First World W
atoni who was to be a considerable influence on his early manner .The Evangeli
                              ↓ sort 2L
e is likely to have a considerable influence on the ante-post market for the Ch
otional voltage has a considerable influence on the chopping behaviour , as sho
 Chamber he will be a considerable influence in the corridors of power &hellip;
lity of surgery had a considerable influence on survival ( curative resection :
atoni who was to be a considerable influence on his early manner .The Evangeli
 and therefore have a considerable influence on the epidemiology of infection .
                              ↓ sort 1R
 Chamber he will be a considerable influence in the corridors of power &hellip;
e is likely to have a considerable influence on the ante-post market for the Ch
atoni who was to be a considerable influence on his early manner .The Evangeli
otional voltage has a considerable influence on the chopping behaviour , as sho
lity of surgery had a considerable influence on survival ( curative resection :
 and therefore have a considerable influence on the epidemiology of infection .
```

図 4　influence をソートしている過程

　コーパスの活用方法を知るには，まず利用可能なコーパスにどのようなものがあるかを知ることが大切です。各コーパスの特徴を知ることで，自分の利用目的に合ったコーパスを探すことができるからです。まず BNC や COCA の汎用コーパス（第 3 章）と学習者コーパス（第 7 章）について学びましょう。

　新出単語の提示や文法事項の説明に，私たちはよく辞書や参考書の例文を使いますが，説明のための例文であるがゆえに実用性が低く，例文として適切でないことがあります。汎用コーパスを使えば，典型的で実用性の高い例文を探すことができます（第 5 章）。

　教育現場で実際にコーパスを活用するためには，生徒の書いた英語を集

めてコーパス化することをお勧めします（第11章）。そうすれば生徒が頻繁に犯す誤りが分かります。特定の文法項目を学年進行と共に生徒がどの程度習得しているかが分かります。さらに学習者コーパスを活用し生徒の英語を分析することで，新たな指導法の開発や指導法の改善につながります（第9章）。なお学習者の英語の観察方法と具体的な分析例については第7章の特に7.4をお読み下さい。

　コーパス化と言えば，教科書のコーパス化もお勧めします（第11章）。そうすれば教科書で使われている単語の頻度表を作成したり，教科書で頻繁に使われている定型表現を知ることができます（第12章）。使用されているすべての単語の語彙レベルを判定することも可能です（第13章）。学習者のレベルに合った教材選択に役立つでしょう。あるいは試験問題の語彙レベルを客観的な基準で確認することができますし，難語と判定された語を含む表現を，ALTの協力を得て書き換えれば，一定範囲内の語彙レベルの英文にすることができます（第13章）。

　生徒の英作文の添削にもコーパスは役立ちます。生徒の英作文の添削で，特に我々が困るのは，生徒の書いた英語が，英語として自然なのかどうかということです。生徒の英作文のチェックにGoogleなどの検索エンジンとAntConcが活躍します（第14章，15章）。

1.5　コーパス研究から見た効果的な語彙学習

　日本人学習者の書く英語の不自然さは，日本語の干渉から引き起こされる不適切なコロケーションと，誤った語彙学習が主な原因です。従来の語彙学習のどこに誤りがあるのでしょうか。文を作り出すためには，文法と語彙が必要ですが，従来の考え方では，「influence＝影響」というように，英語と日本語を一対一の対応関係で暗記し，それと別に文法を学び，その規則に従って学習した語を配列し，文が作り出されるのだとされてきました。文法と語彙は別々に学習すべきものであるというこの考え方に従うと，例えば「～に大きな影響を与える」を英語で表現しようとすると，まず「影響」に相当するinfluenceが，ついで「大きな」に相当するbig,「～

に与える」に相当する give ... to と順次頭に浮かび，それを文法規則（動詞＋名詞，形容詞＋名詞）に従って配列した結果，give a big influence to ～が作り出されます。その結果，give＋influence, influence＋to という不自然な語連結が生み出されるのです。

　一方，コーパスに基づく語の研究では，語の集まりである句が意味をもち，表現の単位であると考えます。ですから語の学習は句単位で行うということになります。先程の influence に当てはめれば，「influence＝影響」という単位で学習するのではなく，influence を have＋influence, influence＋on, have＋influence＋on などの句の単位で覚えるということです。句の単位で語が学習されれば，句の単位でよどみなく口をついて出てきますので，結果的に全体として自然な英文になります（詳しくは第2章を参照）。

1.6　おわりに

　第3章以降に様々なコーパスの紹介とその使い方や応用の仕方を解説しますが，初めてコーパスを使うという人も多いでしょう。最初は戸惑うかもしれません。COCA や BNC*web* の機能の豊富さに圧倒され，どう使っていいのか分からないかもしれません。コーパスを使いこなすコツは，辞書のように，あるいは辞書代わりに毎日使うことです。英語の下調べをするときには，私たちは言われなくても辞書を使います。コーパスも同じなのです。指導上あるいは教材作成時に疑問が生じたら，コーパスに相談しましょう。とにかく疑問をもった語や句を検索ボックスに入れてクリックしてみましょう。そのようにして日々使っていると，次第に1つ1つの機能の役目が分かり，1つの機能と別の機能の関係がはっきりしてきます。コーパスは「習うより慣れろ」なのです。

第2章 コロケーション概説

2.1 はじめに

　英語教育において「コロケーション」(collocation)という言葉を目にする機会が増えてきています。いろいろなところでコロケーション学習の重要性が叫ばれています。本書でも多くの章でコロケーションについての言及が見られ，コロケーションを調べるためにどのようにコーパスを活用することができるかが説明されています。コロケーションの問題は本書の全体にわたって関わりがあります。したがって，本章ではコロケーションとは何か，コロケーションの調査，コロケーションと英語学習などについて述べていきます。

2.2 コロケーションとは

　次の文の括弧の中に適切な言葉を入れて下さい。

　　　鎌倉先生はいつも愛想が（　　　　　）。

　「愛想」と結びつく言葉として，「いい」や「ない」，あるいは「悪い」が思い浮かぶでしょう。しかし，「いい」の類義語である「優れている」や「すばらしい」を入れた「愛想が優れている」や「愛想がすばらしい」は違和感があるでしょう。また，「ない」の反意語である「ある」を使って，「愛想がある」とは言わないし，「悪い」の類義語である「ひどい」を使った「愛想がひどい」は多くの人に抵抗のある表現でしょう。では，なぜ「愛想がいい」は据わりが良くて，「愛想がすばらしい」とは言わないのか。

また，なぜ「愛想がある」とは言わないが，「愛嬌がある」とは言うのか。理由はよく分かりませんが，日本語の母語話者ならば，誰もが持っている感覚でしょう。このような，言葉と言葉の相性の問題がコロケーションなのです。

　コロケーションを定義すると次のように定義することができます。

　コロケーションとは，語と語の間における，語彙，意味，文法等に関する習慣的な共起関係を言う。(堀，2009：7)

「共起関係」とは，ある語とある語との相性がいいということです。頻度の面から言えば，その語の組み合わせが高頻度で現れるということを意味します。

　コロケーションには次の3つの側面があります。(1) 語彙的コロケーション，(2) 文法的コロケーション，そして (3) 意味的コロケーションです。どんな語にもこれら3つの側面はあるのですが，(3) の意味的コロケーションに関しては，他の2つの側面に比べて，単語によってはっきりとした意味的コロケーションを持つ場合とそうでない場合とがあります。したがって，本章では，(1) 語彙的コロケーションと (2) 文法的コロケーションに限って説明していきます。

2.2.1　語彙的コロケーション

　語彙的コロケーションとは，単語と単語の相性の問題です。例えば，名詞 influence と習慣的に用いられる最も相性のいい動詞は have です。動詞 have の次に exert や exercise がコーパスを用いた調査では共起頻度の高い動詞となっています。日本語では「影響する」というので，動詞 do を用いたくなりますが，do は名詞 influence と相性のいい動詞ではありません。名詞 influence を習っても influence を単独で使用することはまれでしょう。「影響する」や「影響を及ぼす」は have (an) influence, exercise (an) influence と英語で表現するので，できるだけ単語の学習は

他の語との関係で学習することが必要です。

では，名詞 influence と相性のいい形容詞は何でしょうか。「大きな影響」と言うときに，形容詞は何を用いたらいいでしょうか。BNC を用いて調べると共起する高頻度の相性がいい形容詞は great, considerable, strong, powerful です。「大きな影響」ですので，a large influence はどうでしょうか。BNC には数例ありますが，これは「大きな強い影響」という意味ではなく，「広範囲にわたる影響」という意味になります。a big influence と言えるでしょうか。BNC を調べてみると使用例は見つかりますが，ネイティブ・スピーカーは a big influence よりも，a great influence や a considerable influence を使います。これがより自然な英語ということになります。

同様に動詞 influence と一緒に用いられる副詞を考えてみましょう。例えば，BNC によると，「深く［強く］影響を及ぼす」を表す際に，最もよく用いられる副詞は strongly です。他に，greatly, heavily, profoundly があります。

これまで述べてきたことは，名詞 influence と共起する動詞の語彙的コロケーションと名詞 influence と共起する形容詞の語彙的コロケーションと，そして動詞 influence と共起する副詞の語彙的コロケーションです。なお，BNC*web* からの BNC の使い方は第 6 章で詳しく解説します。

2.2.2 文法的コロケーション

文法的コロケーションとは，ある語が使われる際の文法的な関係，あるいは文法的な制約を言います。例えば，自動詞の中には，単独でも意味をなしますが，副詞または前置詞と一緒に慣用的に使われるものがあります。これらは句動詞（phrasal verb）と呼ばれるもので，go away, take off, put up with などがそうです。また，他動詞の多くは目的語に名詞（句）以外に to 不定詞，動名詞，that 節などを従えるものがあります。辞書で文型とか動詞型と呼ばれているものです。さらに形容詞の中には特定の前置詞と一緒に使われることが多いものがあります。例えば, afraid of, aware of, confident of, different from, good at, sorry about などです。このように副詞や前置詞，あるいは不定詞の to や節を導く that といった特定の文法機能と習慣的に共起する関係を文法的コロケーションと言います。

　この文法的コロケーションは次のような例も含みます。日本語で「あちらこちら」は，遠いものから先に述べますが，逆に英語では近いものから先に述べ here and there と言います。また，日本語で「彼らは幸せに暮らしました。」は，They happily lived. ではなく They lived happily. で，日本語と英語では副詞と動詞の順番が逆になります。このような語順の問題も文法的コロケーションです。

　前節では，語彙的コロケーションの説明として influence を例にとって説明しました。ここでも influence を例にとってさらに文法的コロケーションを説明してみましょう。BNC で動詞 influence の用例を調べると，用例の半分は受動態で使われています。これは動詞 influence の文法的コロケーションの特徴と言えます。また，動詞 influence は能動態においては，The body deeply influenced the mind. のように，主語は無生物であることが多く見られます。もちろん，He influenced her life. のように人が主語になることもありますが，ほかの動詞に比べ無生物主語をとる例が多く見られます。このような動詞 influence の習慣的な文法的関係も文法的コロケーションと言います。

2.3　コロケーションの調査と留意点

　これまで述べてきたコロケーションの情報は，英語教員自らがコーパスを使って調べることができます。本書の他の章ではそれぞれのコーパスを使ってどのようにしてコロケーションを調査するかが分かりやすく丁寧に説明されています。本書で紹介されているコーパスの多くはインターネットを通して無償で使用できます。

　コーパスを使って調査する際に，ある語とある語のコンビネーションが慣用的なコロケーションであるかどうかを調べるときには，その語のコンビネーションをそのまま調べて，多くの例があれば慣用的なコロケーショ

ンということになります。また，ある語のコロケーションを調べることができます。コーパスによっては，その語のコロケーションのリストや頻度，さらには統計的に処理したリストも表示されます。ただ，気をつけることがいくつかあります。次にその留意点を箇条書きで示します。

(1) コンピュータを使ったコーパスの利用は，ちょっとした操作の間違いで結果が正確に表示されないことがあります。そのような操作間違いを避けるためには，調査する際にまず調査結果を予想することが大事です。その予想と大幅に異なった場合は複数のコーパスで調査することです。もちろん辞書などで確認することも必要です。
(2) コーパスは万能ではないということも大事な点です。あるコロケーションの表現がない場合，これは英語としては使われないという結論をすぐに下してはいけません。例えば，there is 構文の説明でよく用いられる a book on the desk という表現は，1億語のコーパスである BNC には1例もありません。学習のための例文としては見慣れた表現ですが，実際の生活で口にすることがきわめて少ない表現です。コーパスにないということが，英語としては使わない，あるいは間違った表現であるという結論に結びつかないことがあります。
(3) コーパスは辞書では調べることができないコロケーションについての情報を教えてくれます。しかし，現在ではさまざまなコロケーション辞典が出版されていますので，コーパスと同時にそのような辞典も利用することをお勧めします。

次節では，コロケーションがどのように教室活動で有効であるかを説明します。

2.4　コロケーションと英語学習

コロケーション，つまり語と語の相性の問題は英語学習においては大変

重要なものであることが分かっていただけたと思います。単語を覚える際にはその単語単独で学習するだけでなく，他の語との関係で学習することが重要です。このようなコロケーションは類義語の違いを学習するときにとくに役立ちます。具体的に類義語学習や語彙指導におけるコロケーションの有効性を見ていきましょう。

2.4.1　類義語の説明（1）：hear と listen の場合

　hear と listen は日本語ではどちらも「聞く」と訳され，その違いを訳から理解することが困難です。しかし，コロケーションを用いれば，それぞれの動詞と結びつきやすい語（共起語）から意味の違いを生徒に理解させることができます。

　BNC を使って調べてみると，動詞 hear の目的語として，voice, sound, voices, noise, footstep, news などが高頻度で使用されていることが分かります。一方，動詞 listen は to ときわめて相性がよく，また，listen to は music, radio, tape, stories, sound, conversation などと相性がよく，hear とは異なる目的語のコロケーションを持つことが分かります。したがって，類義語 hear と listen を説明する場合は，「hear は voice, sound, voices, noise, footstep, news などと一緒に使いますが，listen はほとんどの場合 listen to で使われ，music, radio, tape, stories, sound, conversation などと一緒に使います」とすれば良いでしょう。

2.4.2　類義語の説明（2）：see, look at, watch の場合

　同様に，see, look at, watch の違いも語彙的コロケーションの違いから説明することができます。BNC で調べると，スパンの取り方などの統計値を使うかで結果が若干異なりますが，右側に来る語を1語目から4語目のスパンで「頻度順」に並べると，表1（次ページ）のような結果となります。

　動詞 see は page, chapter, figure という語が続くことから，論文などの研究分野の文章に多く用いられていることが分かります。それ以外の名詞として，table（表），section, appendix があり，圧倒的に学術的な表現

表 1　see, look at, watch の目的語となる名詞 top 5

	see ＋名詞	look at ＋名詞	watch ＋名詞
1	page (p., pp.)	way	television (telly, tv)
2	chapter	watch	video
3	man	other (＜each other)	film
4	thing	thing	match
5	figure	picture	football

に用いられることが分かります。このようにどのようなレジスター（言語使用域）において用いられることが多いかもコーパスを使うことによって明らかになります。

　動詞句 look at は，watch（腕時計），picture, book など情報を求めて見るものを目的語として使用することが多く見られます。一方 watch はメディアに関する名詞 television, video, film と一緒に使われることが分かります。

2.4.3　語彙指導：offer の場合

　動詞 offer を例にとって，新出単語のコロケーション指導，パターンプラクティスへの応用例を以下に紹介します。

　動詞 offer の意味は「提供する，差し出す」と生徒は理解しますが，どのような場合に offer を使うのか，類義語 give とはどう違うのかということが十分に分かっている生徒は少ないようです。そのような場合，動詞 offer のコロケーションはどのようなものなのかを知ることで，動詞 offer の意味や振る舞いについての理解をさらに深めることができます。

　それでは BNC を用いて動詞 offer と give のコロケーションを調べてみましょう。今回は，頻度順ではなく，語と語の共起関係の強さを統計的に処理したデータで見ていきます。ここで用いられる統計は対数尤度比（log-likelihood ratio）と言われるものです。対数尤度比については 16.4.2 を参照して下さい。表 2（次ページ）を見て下さい。

表 2　offer と give のコロケーション

	共起語 L3-R3	
	offer	give
1	to	to
2	a	me
3	advice	a
4	opportunities	rise
5	opportunity	him
6	range	them
7	services	us
8	choice	impression
9	alternative	you
10	courses	up

	名詞共起語 R1-R3	
	offer	give
1	advice	rise
2	range	impression
3	choice	chance
4	opportunity	advice
5	opportunities	priority
6	chance	opportunity
7	services	indication
8	explanation	birth
9	help	way
10	sale	go-ahead

　表 2 の左表は共起語 L3-R3 の結果です。つまり，中心語動詞 offer や give の左 3 語から右 3 語の間でそれぞれの動詞と共起する単語の順位です。これを見ると動詞 offer や give のいずれも to が第 1 位に来ています。前置詞 to のうちどちらの動詞も不定詞で使われることが多いことを示しています。その中でも不定詞として使われる割合は，offer も give も約 4 割で，さらにそれぞれの動詞の後に来る前置詞 to の割合もほぼ同じですので，前置詞 to の共起関係では，両動詞とも同じ振る舞いをすることが分かります。では，異なった振る舞いはあるのでしょうか。表を見ると，offer の場合 10 個の単語のうち 8 個が内容語の名詞ですが，give の場合は rise と impression の 2 語です。一方，give の場合代名詞 me, him, them, us, you が 10 個のうち半数の 5 個ありますが，offer の場合は，代名詞はありません。これは動詞 offer と give のコロケーションの違いと言えます。

　では，それぞれの動詞の目的語には違いはあるでしょうか。表 2 の右表の名詞共起語 R1-R3 の結果を見てみましょう。これは，両動詞の右 1 語から 3 語の間に出現する名詞との共起関係を統計的に処理した順位です

（詳しくは 16.4.2, 17.2.2）。共通する名詞としては，advice, chance, opportunity があります。一方，異なった名詞として，offer の場合 range があります。次のような例文で使われています。

(1) France can offer a wide range of opportunities.

名詞 range には wide, small などの形容詞がつくことが多く，range のあとは前置詞 of をほとんどの場合伴います。動詞 give の場合はどうでしょう。名詞 birth との共起は次のような例文で使われています。

(2) His first wife, Helena, died in 1845 giving birth to a daughter.

動詞 give と birth は用例すべてで give birth となり，冠詞や形容詞は挿入されません。また。前置詞 to を伴って give birth to の形で多くが用いられています。ここでは give の代わりに offer は用いることができません。

動詞 offer に続く名詞の語彙的コロケーションから文法的コロケーションを見つけることもできます。例えば，offer と高頻度の共起語である choice, service(s), help の中で service とのコンコーダンスの一部を示すと，図1のようになります。

このコンコーダンスを参照すると，offer a service to + 人という句構成が読み取れます。この句を用いて，所有代名詞を変えたり，続く単語を変えたりしながら文をつくるパターンプラクティスができます。このように

```
                              Hits 1 to 9    Page 1 / 1
    education and social care combine in partnership with parents and children to   offer   a service to the community. The Centr
                   the latter sometimes being both. An increasing number of builders now   offer   a service of drawing and submitting pla
                            Retail outlets As we saw in the last section, all shops   offer   a service to the customer, although th
                       owns a co-operative? 3 Do the following retailers sell goods or   offer   a service: hat shop stationer florist co
   tal administrations. Postal administrations must be guaranteed certain revenue to   offer   a service open to all. This reserved are
                 However, the writer would suggest that a number of associations   offer   a service to their members in this part
              development of CPD and sought more resources to enable the regions to   offer   a service to members. The Membershi
                   on employment issues because they had no trade union? We could   offer   a service that no CAB can match. So
                       you need to be aware of three things; your capacity to   offer   a service, the local market for persona
```

図1　BNC*web* での offer a service コンコーダンス

コロケーションは次々と語や句を中心語の前や後ろにつないでいくことが可能です。

表3はBNCとコロケーション辞典を参考に作成した，offerを中心語として前後に続くコロケーションを記したものです。

表3　動詞offerを中心とするコロケーション

助動詞・動詞句	副詞	動詞	冠詞	名詞	前置詞
be able/unable to can be pleased to would like to	generously kindly helpfully freely	**offer**	a/an/the	service help choice	to to of

この表から次のようなコロケーションのパターンを作成することができます。

1) **offer**＋目的語

    offer (service/help/choice)　例. offer service, offer help, offer choice

2) **offer**＋冠詞・人称代名詞＋目的語

    offer (a/the/one's) service/help/choice

3) 副詞＋**offer**

    (generously/kindly/helpfully) offer

4) 副詞＋**offer**＋冠詞・人称代名詞＋目的語

    generously/kindly/helpfully offer (a/the/one's service/help/choice)

5) 助動詞・動詞句＋**offer**

    (be able to/can/be pleased to/would like to) offer

6) 助動詞・動詞句＋**offer**＋冠詞・人称代名詞＋目的語

    be able to/can/be pleased to/would like to offer (a/the/one's service/help/choice)

7) 助動詞・動詞句＋**offer**＋冠詞・人称代名詞＋目的語＋前置詞
be able to/can/be pleased to/would like to offer a/the/one's (service to/help to/choice of)

　このようなコロケーションを通して，単にofferは，「提供する，差し出す」と暗記させるのではなく，その意味や振る舞いを他の単語との関係から学習させることができます。

2.5　おわりに

　英語母語話者が会話や書き言葉で日常的に用いる英文は5割以上がコロケーションから構成されているという研究があります。その一方で，日本人の英語学習者にはコロケーションの知識が不足し，他の語との関係を重視するコロケーションの考え方を反映した学習がなされていないという研究もあります。教科書の中には脚注などでコロケーションに関する例文を掲載しているものもありますが，コロケーションについての十分な説明がないので，ほとんどの生徒はコロケーション学習の重要性を理解していません。単語それ自体だけで学習するのではなく，他の語との関係で単語を学習していく視点を培うには教師自らがコロケーションを説明し，コロケーションを例示する必要があります。

　本書では多くの章でコロケーションという言葉を目にすることになります。コーパスを使用する際にはコンコーダンサーが最もよく使われるツールですが，それによって表示されるコンコーダンスはある語を中心語にして，その語と他の語がどのような関係にあるかを提示します。利用者は，そのコンコーダンスから中心語の傾向や特徴を見いださなければなりません。これは，コンコーダンスからその語のコロケーションを見つける作業だといえます。したがって，コーパスを活用するときの基礎知識の中でも特に重要な概念がこのコロケーションなのです。本章「コロケーション概説」が，「コーパス活用のための基礎知識」の次に基礎編の1つとして置かれているのはこのような理由からなのです。

実践編1
汎用コーパス

第 3 章　汎用コーパス概観

3.1　はじめに

　コンピュータ技術の発達に伴って，これまで数多くのコーパスが編纂されてきました。その数は近年急速に増加し，コーパスサイズもますます巨大化しています。Bookmarks for Corpus-based Linguists (http://tiny.cc/corpora) では，現在どのようなコーパスが提供されているかの情報一覧を見ることができますが，その数や種類の多さには驚かされます。著作権やその他の理由のため，研究者個人あるいは特定の研究機関でのみ使用が許されるコーパスもありますが，誰でも無料または有料で利用できるように広く一般のユーザーに公開されているコーパスもあります。この章では様々な研究目的に広く対応できるように編纂された「汎用コーパス」について概説します。それぞれのコーパスの特徴を知ることで目的に応じて使い分けることできます。

3.2　Brown 系コーパス

　Brown コーパスは，1961 年当時のアメリカ英語の書き言葉の実態を反映したコーパスを作ることを目指して編纂された，世界初の電子化テクスト集です。様々なテクストジャンルからサンプルが収集され，総計 100 万語のコーパスが作成されました。これがいわゆる「第 1 世代コーパス」と呼ばれるコーパスの原型になり，その後このデザインに倣って，1961 年のイギリス英語版のコーパス Lancaster-Oslo/Bergen Corpus (LOB)，Brown/LOB の 30 年後の出版資料を用いた「クローン」とも呼ばれる Freiburg Brown (Frown) と Freiburg LOB (FLOB)，2005–2007 年のア

メリカ英語，イギリス英語を収集した AmE06, BE06 など様々なコーパスが作られてきました。これにより，同じ年代のアメリカ英語とイギリス英語の比較や，年代間の言語変化の調査が可能となりました。

　Sketch Engine（3.6 参照）では Brown コーパスが無料で使えます。図 1 は Word Sketch という機能を使って，文法関係単位で動詞 make がどのような語と結びつきやすいか，すなわちコロケーションを表示したものです。例えば［object］という欄には実際に make の目的語として使われる語が頻度の高い順に並べられています。実用的な用例を選ぶのに役に立ちます。

［サイズ］各 100 万語

［英語の種類］アメリカ英語：Brown, Frown, AmE06／イギリス英語：
　LOB, FLOB, BE06

［利用形態］

　The ICAME Corpus Collection（CD-ROM）→料金：NOK3,500, http://icame.uib.no/newcd.htm から注文。※ AmE06 と BE06 は含まない。1,700 万語を超える 20 のコーパスを収録。

　Sketch Engine（https://www.sketchengine.co.uk/）→料金：£52.00（年間），※様々な言語の 100 以上のコーパスを提供。Brown の利用は無料。

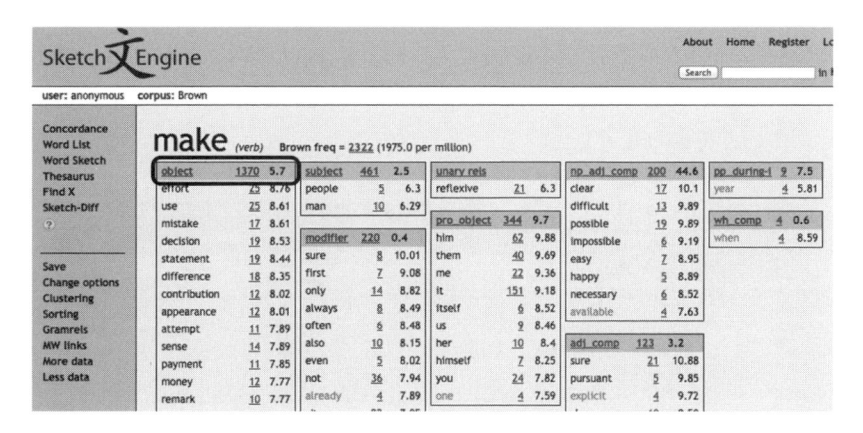

図 1　Brown コーパスにおける make のコロケーション

3.3 British National Corpus

1980年代以降，コンピュータ技術の飛躍的な発達により，Brown系コーパスより大きな，いわゆる「第2世代コーパス」と呼ばれる大規模コーパスが編纂されるようになりました。その中で今日もっとも多くのサイトで無料提供されているのがBritish National Corpus (BNC) です。BNCは，1億語を有するコーパスで，1990年代のイギリス英語の実態を反映する均衡コーパスを目指して作成されました。第1世代のコーパスと比べると，規模は100倍になりました。

BNCには10%の話し言葉 (1,000万語) が含まれています。その半分は，講義，説教，ラジオ番組などの公共のイベントからの録音，残りの半分は個人の日々の会話を録音したものです。残りの90%を占める書き言葉の部分は，25%のフィクションと75%のノンフィクションから構成されています。コーパスサイズが大きいことや，構成や出典情報に十分な配慮がされていることから，BNCは現在多くの言語学者に使用されています。

CORPUS.BYU.EDUではBNCを語，句，品詞レベルで検索することが可能で，ジャンル指定もできます。また，文法構造やコロケーションの検索，ジャンル間の比較も可能です。このサイトで提供されているその他のコーパス（後述のCOCAやTIMEなど）の検索結果と比較できるというのも魅力です。CORPUS.BYU.EDUの操作方法は第4章で，利用方法については第5章で詳しく述べます。図2はBYU-BNCで動詞banを検索し，ジャンル別の頻度を示したものです。圧倒的多数が新聞で使用されているのが分かります。

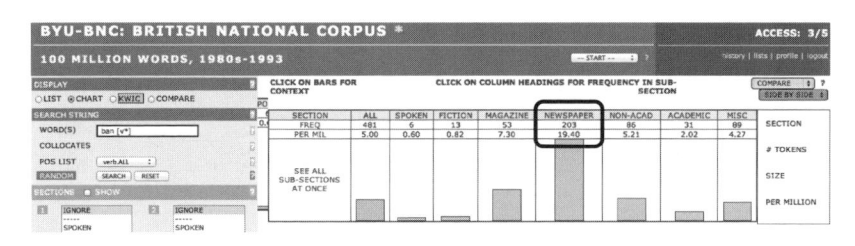

図2　BNCにおけるban（動詞）のジャンル別分布

BYU-BNC 以外に BNC は BNC*web* や IntelliText や Phrases in English（PIE）のサイトでも使用できます。それぞれ使い勝手が違うので用途に合わせて使い分けるとよいでしょう。BNC*web* は直感的に使用しやすいインターフェースで，非常に多機能です。共起関係を表すさまざまな統計値が用意されているので，特にコロケーションを調べる際に非常に有効です。BNC*web* の操作方法は第 6 章で詳しく述べます。

IntelliText は Leeds 大学の Centre for Translation Studies によって開発されたコーパス検索用のインターフェースで，BNC の他にも様々な言語のコーパスを検索することができます。検索結果（View Results）の表示機能では，通常のソート機能に加え，Kelly タブを開くと CEFR レベル（欧州評議会が提唱するヨーロッパ言語共通参照枠に基づく 5 技能 6 段階の習熟度レベル）別に単語を色分けして表示することができます（CEFR については 17.2.1 参照）。図 3 は environment を検索した結果に中級以上の語に色づけをして表示しています。テキストの難易度の判断に使ったり，レベルに合った語彙を選び，空欄補充問題などを作るのに役立ちます。

PIE では n-gram を検索することができます。「n-gram」とは，あるテキストから切り出した連続した n 個の語の並びのことで，その連続した並びの頻度情報などから，意味のまとまりをもったフレーズを抽出してく

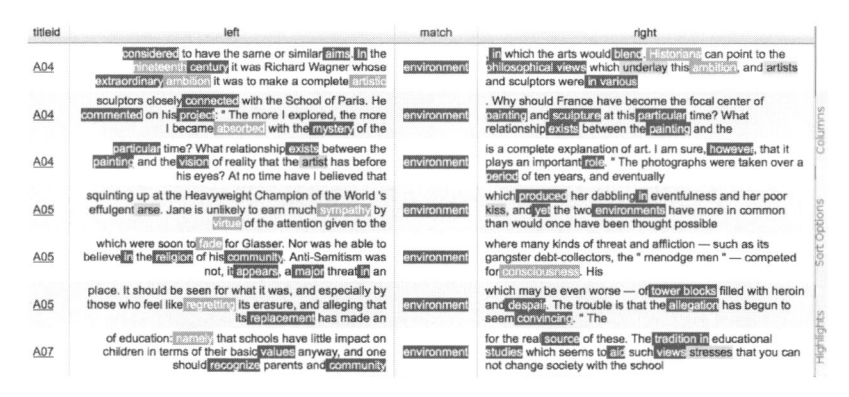

図3　語彙レベル別検索結果

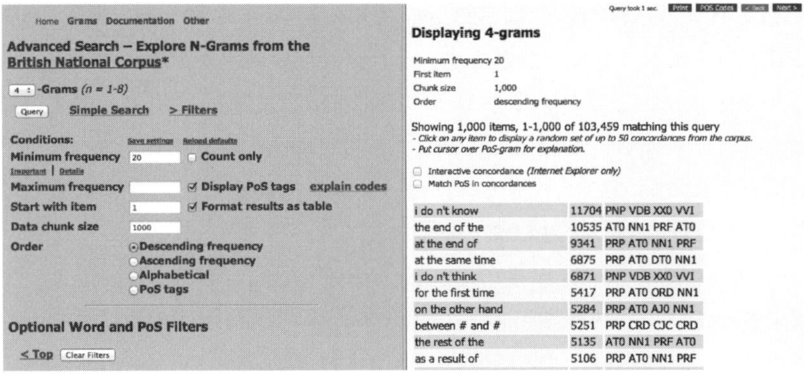

図4　BNCにおける4-gram

れるので，実際にどのようなフレーズがよく使われ，重点を置いて教えるに値するのかを判断するのに有用です（n-gramについて詳しくは10.3.2を参照）。図4はBNCの中の4語の並びを頻度順に並べた結果です。

［サイズ］1億語
［英語の種類］イギリス英語
［利用形態］以下はすべて無料
　BYU-BNC（http://corpus.byu.edu/bnc/）
　BNC*web*（http://bncweb.lancs.ac.uk/bncwebSignup/user/register.php）
　Intellitext（http://smlc09.leeds.ac.uk/itweb/htdocs/Query.html）
　Phrases in English（http://phrasesinenglish.org/index.html）

3.4　WordbanksOnline

　Collins COBUILD English Dictionary の編纂に使用するために1980年に始まったコーパスから発展してできたのがBank of English（BoE）で，BNCと並んで第2世代コーパスの代表的な存在です。継続的にデータが追加される，いわゆる「モニターコーパス」として発展してきました。現在では6億5,000万語を有していると公表されていますが，だれでも利用できるわけではありません。BoEのうちから一部を抽出し再構成した

コーパスが WordbanksOnline の名称で一般の人にも利用可能です。WordbanksOnline では 1985 年から 1998 年までに収録もしくは公表されたイギリス，アメリカ，オーストラリアの書籍，新聞，雑誌，話し言葉，放送原稿など 12 のサブコーパスに分類された約 5,400 万語が検索対象となっています。このうち話し言葉は，放送原稿と自由会話の総計で約 1,400 万語（約 25％）となっています。

　図 5 は WordbanksOnline で different の前後に来る語を共起関係の強いものから並べたリストです。上位には different が修飾する名詞 ways, things, types, something, kinds と共に検索語である different そのものが挙げられています。different のすぐ後に different がもう 1 度使われるのはどのような場合だろうかと興味を持ったなら，different をクリックして用例を確認できます。

［サイズ］5,400 万語
［英語の種類］イギリス英語，アメリカ英語，オーストラリア英語
［利用形態］
　WordbanksOnline（http://www.collinslanguage.com/content-solutions/wordbanks）→料金：10 ユーザーまで £695（年間）
　小学館コーパスネットワーク（http://scn.jkn21.com/wordbanks.html）
　　→料金：1ID 21,000 円（年間）

Collocation candidates

		Freq	T-score	MI	MI3	log likelihood	min. sensitivity	salience
p/n	different	9424	96.658	7.854	34.258	85035.378	0.062	0.000
p/n	ways	3847	61.780	7.987	31.806	35299.107	0.025	0.000
p/n	very	8734	92.208	6.226	32.411	58830.070	0.020	0.000
p/n	things	3807	60.824	6.137	29.926	25047.316	0.019	0.000
p/n	quite	2864	52.957	6.581	29.548	20587.140	0.019	0.000
p/n	something	3507	58.227	5.898	29.450	21914.044	0.016	0.000
p/n	types	2446	49.356	8.938	31.450	25807.430	0.016	0.000
p/n	each	3057	54.286	5.783	28.939	18608.408	0.015	0.000
p/n	completely	2104	45.660	7.772	29.850	18637.799	0.014	0.000
p/n	many	4624	66.597	5.599	29.948	27026.670	0.013	0.000
p/n	kinds	1903	43.525	8.795	30.583	19668.565	0.013	0.000
p/n	kind	1886	42.722	5.942	27.704	11878.562	0.012	0.000

図 5　WordbanksOnline による different のコロケーション表示

3.5 Corpus of Contemporary American English (COCA)

　COCA は上述の CORPUS.BYU.EDU で 2008 年に公開されたコーパスです。使いやすいインターフェースを持つ優れたツールで，様々な英語の調査が可能です。1990 年以降 1 年ごとに 2,000 万語のセクションで構成され，現在も毎年 2,000 万語ずつ拡張し続け，2013 年 8 月現在 4 億 6,000 万語を有します。無料で提供されるコーパスの中で最大，かつアメリカ英語コーパスとしては唯一の大規模均衡コーパスと言えるでしょう。データはサイズの等しい 5 つのジャンル（話し言葉，フィクション，大衆雑誌，新聞，学術誌）に分けられています。

　図 6 では global warming のジャンル別，年代別頻度を示しています。主に雑誌で用いられ，2005 年以降頻度が飛躍的に伸びているのが分かります。また，話し言葉はラジオやテレビ番組の台本のない会話を文字起こししたもので，BNC 中の人前で話したスピーチなどの部分とは十分比較可能です。英米語間での話し言葉の比較に使うことができます。COCA の操作方法と活用事例については第 4 章と第 5 章を参照して下さい。

　CORPUS.BYU.EDU には，1 億語を超えるコーパスが複数提供されており，これらのコーパス間での比較が可能なので，言語調査に役立つツールとしてますます広い支持を得ているサイトと言えるでしょう。

［サイズ］4 億 6,000 万語
［英語の種類］アメリカ英語
［利用形態］COCA（http://corpus.byu.edu/coca/）→無料（登録については 4.2）

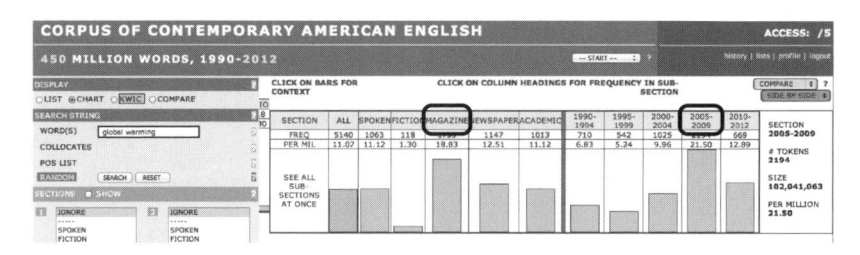

図 6　COCA における global warming の chart 表示

3.6 Sketch Engine

　Sketch Engine はこれまで紹介してきた BNC や COCA などと違いコーパスそのものの名前ではありません。数多くのコーパスへのアクセスや多機能な分析ツール，コーパス作成支援などのサービスを提供する有料サイトです。変種を含め 50 以上の言語の，様々な目的に応じて作られた 100 以上のコーパスにアクセスすることができます。その中には前述の Brown 系コーパスや BNC も含まれます。ここで使用できるコーパスの多くは巨大で，最大の enTenTen12 は BNC の約 100 倍の 100 億語を突破しました。このような巨大コーパスの特徴は，すべてのテクストがコンピュータのウェブ自動巡回により特定のドメインから集められ，自動でタグ付けやレマ化がされていることです。このような膨大なデータから検索をして用例を抽出できるので，低頻度の語句の用例を見つけることも可能です。

　Sketch Engine は非常に多機能で，Word Sketch 機能では，文法関係単位で検索語と他の語との結びつきの相性の良し悪し，すなわちコロケーションを表示することができます。それ以外にも，Thesaurus 機能では，対象語と同じように用いられる語を検出し，類義語の可能性のある語として提示してくれます。Sketch-Diff 機能では 2 語間の用法の違いが色付けして表示されます。図 7（次ページ）は日本語の「心」の訳語として使われる 2 つの英単語 heart と mind がどのように異なる使われ方をするのかを表しています。これら 2 語が主語のとき，どのような動詞が使われているのか（subject_of の欄），どのような形容詞が補語になっているのか（adj_subject_of の欄）を表しています。一方の語で特徴的に見られる共起語が，他方の語とは全く結合していないことが見て取れ，両語は異なる環境で使われることが分かります。

［サイズ］ukWaC は 15 億語，enTenTen12 は 100 億語など。多数のコーパスを提供。

［英語の種類］多種。ウェブ上で収集されたデータが多い。

［利用形態］Sketch Engine（https://www.sketchengine.co.uk/）→ 料金：

heart/mind ukWaC freqs = 216719 /214661

heart	6.0	4.0	2.0	0	-2.0	-4.0	-6.0	mind

and/or	22956	27656	0.9	1.1
consciousness	0	144	0.0	5.9
Body	0	82	0.0	5.5
body	147	4470	2.7	7.6
heart	246	3464	4.4	8.2
emotion	29	222	3.5	6.3
spirit	224	712	5.0	6.7
will	70	164	4.0	5.2
intellect	31	77	4.9	6.0
brain	374	263	6.4	5.9
soul	1609	606	8.6	7.1
conscience	161	54	6.8	5.1
muscle	136	35	5.4	3.4
stomach	64	11	5.3	2.7
mind	3464	332	8.2	4.8
breathing	43	0	5.0	0.0
vessel	132	0	5.1	0.0
spleen	33	0	5.3	0.0
spade	38	0	5.5	0.0
gut	50	0	5.5	0.0
transplant	56	0	5.6	0.0
artery	65	0	5.8	0.0
circulation	155	0	6.5	0.0
kidney	251	0	7.5	0.0
liver	314	0	7.6	0.0
lung	852	0	9.0	0.0

subject_of	21717	23761	1.5	1.8
boggle	0	470	0.0	9.3
wander	0	278	0.0	7.5
numb	0	107	0.0	7.1
blow	0	278	0.0	6.9
drift	0	63	0.0	5.7
reel	0	43	0.0	5.6
bend	0	51	0.0	5.3
race	95	97	5.9	5.9
leap	113	11	6.8	3.3
stop	364	19	5.6	1.3
swell	38	0	5.3	0.0
soar	42	0	5.3	0.0
flutter	36	0	5.6	0.0
yearn	37	0	5.7	0.0
melt	72	0	5.8	0.0
rend	40	0	5.9	0.0
wrench	55	0	6.3	0.0
skip	93	0	6.4	0.0
thump	69	0	6.6	0.0
bleed	123	0	6.9	0.0
pump	180	0	7.1	0.0
ache	149	0	7.5	0.0
sink	410	0	7.9	0.0
pound	233	0	8.1	0.0
beat	1151	0	8.2	0.0

adj_subject_of	2988	3251	1.7	2.0
cluttered	0	9	0.0	5.7
receptive	0	14	0.0	5.7
blank	0	33	0.0	5.6
incapable	0	21	0.0	5.6
alert	0	18	0.0	5.6
polluted	0	8	0.0	5.1
bent	0	11	0.0	5.0
apt	0	8	0.0	4.6
sharp	0	38	0.0	4.6
capable	14	86	2.4	5.1
pure	69	21	5.4	3.7
content	33	0	4.6	0.0
enlarged	8	0	4.8	0.0
evil	34	0	5.0	0.0
troubled	11	0	5.0	0.0
glad	41	0	5.1	0.0
healthy	113	0	5.2	0.0
hasty	8	0	5.5	0.0
faint	22	0	5.9	0.0
merry	18	0	6.1	0.0
sore	29	0	6.2	0.0
steadfast	20	0	7.0	0.0
thumping	17	0	7.1	0.0
restless	39	0	7.4	0.0
deceitful	46	0	8.4	0.0

図7　Sketch-Diff で heart と mind の類似点・相違点を表示

£52.00（年間）。ただし Open Corpora として公開されている British Academic Spoken English Corpus（BASE），British Academic Written English Corpus（BAWE），Brown は無料（3.2 参照）。

3.7　新聞・雑誌・その他のアーカイブ

英字新聞・雑誌をオンラインで無料で検索・閲覧できるアーカイブもいくつか存在します。語法の確認や適当な用例を探すのに役立ちます。

TIME のサイト（http://content.time.com/time/archive/）では，*TIME* の創刊以来の全記事が検索可能になっています（閲覧は一部無料）。また，上述の CORPUS.BYU.EDU では 1923 年から 2006 年までの Time 誌アーカイブに無料でアクセスすることができます（http://corpus.byu.edu/time/）。

New York Times（http://www.nytimes.com/）のサイトでは，創刊以来の全記事（1,300万記事以上）を検索することができます（1923年以前と1986年以降の記事は毎月10件まで無料）。

その他，印刷された書籍などを電子化したテクストアーカイブとして，The Oxford Text Archive (OTA: http://ota.ahds.ac.uk)，Project Gutenberg (http://www.gutenberg.org) があります。これらのテクストをダウンロードし，ファイルに整形を施せばコーパスを自作することができます（第11章参照）。また自作コーパスを検索するにはコンコーダンサーが必要です。コンコーダンサーの1つであるAntConcについては第12章で詳しく紹介します。

3.8 コーパスとしてのウェブサイトとWebCorp Live

近年注目されている言語調査の資料として，ウェブサイトがあります。GoogleやYahooといった検索エンジンを使用して，インターネット上にある情報を丸ごと言語資料として利用するのです。人の手によって編纂されたどのコーパスよりも膨大なデータを持つウェブサイトは情報の宝庫だと言えると同時に，常に変化し続ける不確定なデータベースだとみることもできます。そのため，使用する際には注意しなければならないことがいくつかあります。

第1の問題は，ウェブサイトは常に変わり続けているということです。ある検索エンジンを使って今日検索した結果が明日も同様に得られるとは限らないのです。もう1度検索すれば同じ結果にたどり着くと過信せず，必要な情報・データは記録・保存しておくことが重要です。

また，データそのものの信頼性の問題もあります。インターネット上では書き手の情報が常に明らかとは限らないので，英語で書かれたデータをすべて英語の母語話者が書いた用例として扱うことはできません。この問題は検索するサイトの範囲を制限することで，ある程度解決できます。例えば，Googleの「検索オプション」を使って検索結果をアメリカ合衆国やイギリスなどに絞り込んだり，ドメインを"ac.uk"や"edu"などの

教育機関用ドメインに限定したりすることで，ある程度のデータの制限ができます（14.2.3 参照）。例えば，日本人英語学習者がよく書く英文 "My hometown has a lot of nature." の妥当性を調べるとします。実際に has a lot of nature という表現を検索エンジンで調べると，ドメインの制限なしで検索すれば，約 11 万 8 千件が該当しますから，「使われる」という判断に至るかもしれません。ところが，"edu" にドメインを絞って検索すると，108 件しかヒットしません。しかも検索結果は，日本人留学生のコメントだったり，英文法の授業の資料で悪い例として取り上げられている場合だったりします。このことから，has a lot of nature は適切な表現ではないと判断することができるでしょう。

　Google や Yahoo などの検索エンジンは，本来言語調査用に作られたものではなく商業目的で利用されることを前提としているので，検索表示件数に制約があったり，表示順などが操作されたりしていて，純粋な語句の検索結果として扱うには注意が必要です。以上の制約や問題点を理解した上で使用すれば，商用の検索エンジンもコーパスでの調査の結果を補足する情報が必要な場合や，非常に低い頻度の言語表現を扱う場合などの用例調査に有効に利用できます。なお Google の検索技法と留意点について詳しくは第 14 章を参照して下さい。

　ウェブサイトをコーパスとして利用する際に不便な点としては，KWIC 表示などのコーパスツール機能がないため，検索結果を見渡しにくいことが挙げられます。しかし，例えば WebCorp Live (http://www.webcorp.org.uk/live/) で提供されている機能を用いれば，KWIC 表示やコロケーションの表示ができるようになります。WebCorp Live の検索画面では，使用する検索エンジン，言語，使用するサイトなどを選択し，検索語の後処理オプションでは，ソート方法やコロケーション表示の有無，使用するウェブページの期間などを指定できます。その結果，AntConc などのコンコーダンサーで検索したような KWIC 表示やコロケーション情報を得ることができます。WebCorp Live による検索は，まだ辞書にも登録されていないような，新語の使われ方を調べるのに有効です。図 8，9 では

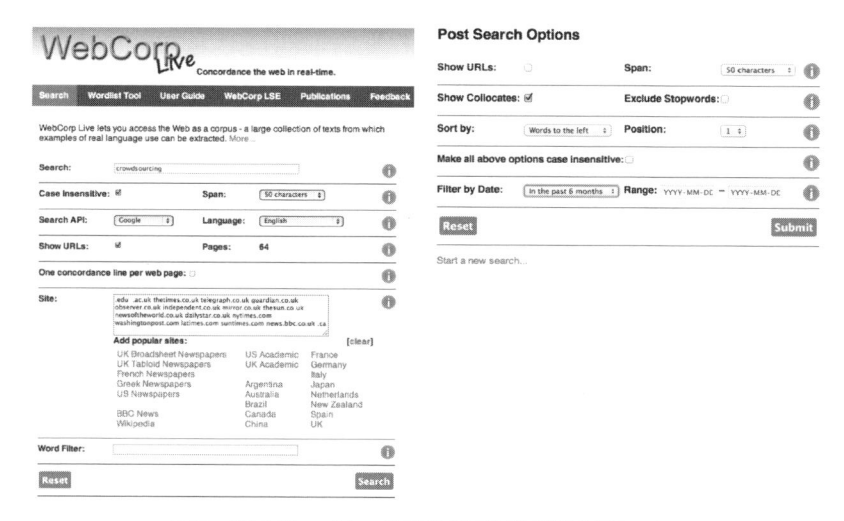

図 8　WebCorp Live の検索画面と後処理オプション

図 9　WebCorpe Live での crowdsourcing の検索結果

crowdsourcing という比較的新しい語を検索し，結果を KWIC 表示しています（いくつかの後処理を行っています）．これにより，この語がどのように使用されているか，この非常に新しいビジネス形態が新聞などでどのように取り上げられているのか，知ることができ，時事的な英語の解説に利用できます．

3.9　おわりに

一般に公開されている汎用コーパスを使用例と共に紹介してきました．汎用コーパスのサイズはますます大きくなる傾向にありますが，大きいも

のが常によいとは限りません。高頻度の語や一般的な構文を調べる場合にはそれほど大きなコーパスは必要ありませんが，頻度はそれほど高くないが，使用パターンやコロケーションを知りたい語や周辺的な構文を調べるときには大規模コーパスが必要です。調べたいことに対して正しいサイズのコーパスを使用することがコーパス検索成功の鍵となるでしょう。

第4章 汎用コーパス COCA の使用法

4.1 はじめに

この章では Corpus of Contemporary American English (COCA) の操作方法とその活用法を説明します。COCA は Brigham Young 大学の Mark Davies によって提供されているサイト，CORPUS.BYU.EDU で公開されている7つのコーパスの1つです。操作方法は共通ですので，COCA の検索方法を学べば他の6つのコーパスも同じように扱うことができます。詳細な説明や検索例は，初期画面の [Help/information/contact] のメニューから見ることができます。特に [GENERAL] の Brief tour (general) は簡潔にまとめられているので，COCA を使って何ができるのかを具体例を見ながら手早く学ぶことができます。

表1 CORPUS.BYU.EDU で利用可能な英語コーパス

コーパス名	語数	国・地域	時期
Global Web-Based English (GloWbE)	1.9 billion	20 countries	2012-13
Corpus of Contemporary American English (COCA)	450 million	American	1990-2012
Corpus of Historical American English (COHA)	400 million	American	1810-2009
TIME Magazine Corpus	100 million	American	1923-2006
Corpus of American Soap Operas	100 million	American	2001-2012
British National Corpus (BYU-BNC)	100 million	British	1980s-1993
Strathy Corpus (Canada)	50 million	Canadian	1970s-2000s

4.2 利用者登録

CORPUS.BYU.EDU (http://corpus.byu.edu) にウェブブラウザでアクセスし，COCA を選んですぐに使用を開始することができますが，10-15回程度検索を続けると，登録を促す画面が現れます（あるいは画面右上の [LOG IN] の横の [REGISTER] を選べば登録ページを表示できます）。ユーザー登録をすることにより，コーパスの使用を続けることができるようになります。登録者はその身分によって 1（非研究者），2（準研究者），3（研究者）にランク分けされます。このランクによりアクセスレベル（1日に実行できる検索回数，1ページに表示できる KWIC コンコーダンスの件数，1日に得ることができる KWIC コンコーダンスの件数の上限，1日に保存できる語数）が決められます。

ユーザー登録するには，登録画面に氏名，メールアドレス，パスワードを入力し，身分（Category）を選びます。2（準研究者）以上のランクのCategory を選択すると，新たに3つの記入事項（Organization, Web page, Profile）が追加されます。2以上のランクに分類されるためには，所属機関名と自分の氏名が掲載されている所属機関のウェブサイトのURL，簡単な紹介文を入力する必要があります。登録したメールアドレスに確認のメールが届くので，当該部分をクリックすれば，登録は完了します。まずはランク1からスタートしますが，所属機関の情報が承認されれば，ランクが引き上げられ，より多くの検索・閲覧ができるようになります。

4.3 基本的な検索方法
4.3.1 インターフェース各部の働き

COCA のインターフェースは3つのフレームで構成されています（次ページ図1）。画面左側（次ページ図2）は検索語の入力や条件の設定などを行う操作フレーム，右の2つのセクションは各種結果を表示するフレームです。右上（⑤）は頻度情報，ジャンルや年代毎のグラフ，コロケーションなどを表示する統計値フレーム，右下（⑥）は LIST や KWIC 形式で用

例を表示する用例フレームです。またこのフレームは右端の［Help/information/contact］タブを選ぶことにより，ヘルプページの表示にも使われます。

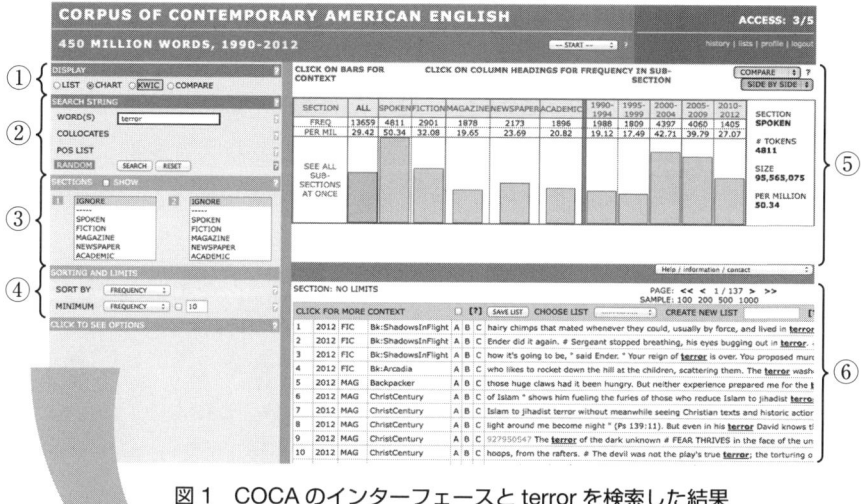

図1　COCAのインターフェースとterrorを検索した結果

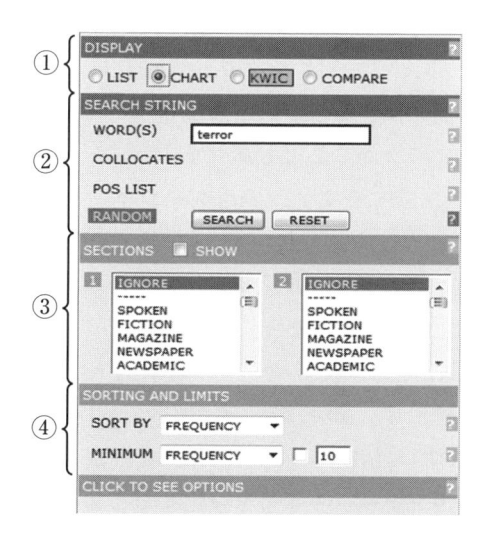

図2　操作フレーム（拡大図）

操作フレームには様々なボタン，ボックス，タブがあります。図1の番号順にそれぞれの働きの概略を説明します。基本的な検索方法は本節で，活用法については4.4で説明します。さらにCOCAを使った用例作成については第5章を参照して下さい。

①【DISPLAY】検索結果の表示方法を選びます。それにより，統計値フレームにはそれぞれ異なる情報が表示されます。[LIST]では頻度情報や共起語リストが，[CHART]ではジャンル・年代別のグラフ，[COMPARE]では検索した2語のそれぞれの共起語リストが並べて表示されます。それぞれの結果から，詳しく見たい語をクリックすると，用例フレームに当該の用例が表示されます。ただし，[KWIC]を選ぶと，統計値フレームは使用されず，直接用例フレームに検索の結果抽出された例文がKWIC形式で表示されます。

②【SEARCH STRING】検索文字列の入力をするところです。[WORD(S)]（[COMPARE]選択時にはボックスが2つになる）には検索する語・句をそのまま，あるいは文字列を制御する様々な記号と共に入力します。[COLLOCATES]は検索文字列と特定の語句や文字列が共起する例を探したいときに使います。[POS LIST]からは検索語の品詞を指定できます。また，[RANDOM]をクリックすれば，コーパス内の語から無作為に抽出した語に関する検索例が表示されるので，新しい検索方法が学べ，新たな発見につながることもあります。

③【SECTIONS】検索する文字列の用例をジャンル・年代で絞り込みたいときに使用します。また，[sections]で1, 2にそれぞれ別のジャンルを選べば，ある文字列のジャンル間での比較ができます。セクションはCtrl+クリックで複数個選択できます。

④【SORTING AND LIMITS】ソートの基準（Frequency/Relevance/Alphabetical）や，検出する際の最低値（頻度，MI値：詳しくは16.4.2, 17.2.2）を設定します。[LIST]で[KWIC]を選ぶと，【DISPLAY/SORT】に変わり，用例を並べる順番を設定することができます。

操作に慣れるために，例えばterrorという語が，どのジャンルでいつ

頃よく用いられたかを調べてみましょう。[CHART] を選び，[WORD(S)] のボックスに terror と入力し，[SEARCH] ボタンをクリックするだけです（図1, 2）。話し言葉（SPOKEN）でもっともよく使用され，2000 年以降使用頻度が上がっていることが見て取れます（⑤）。グラフのジャンル名をクリックすれば，そのジャンル内でのさらに細かい分布が示されます。グラフの棒の部分をクリックすれば，用例フレームに当該ジャンルの用例が表示されます（⑥）。表示された用例のヘッダ部分（年代やジャンルが表示されている部分）をクリックすると，その用例の出典情報やより広い文脈を見ることができます。

4.3.2　入力上の注意

　操作フレームの【SEARCH STRING】下の [WORD(S)] ボックスに語句を入力し，[SEARCH] ボタンをクリックすれば，指定語句の検索ができますが，検索文字列に所有格（'s），縮約形（'m, n't, 'll）および句読点（. , ? !）を含む場合には注意が必要です。それぞれが1つの単語として扱われるため，その前に半角スペースを入れます。例えば，have の縮約形 've も単語として扱いますので，they've は they␣'ve（␣は半角スペースを表す）と入力します。付加疑問 won't he? は wo␣n't␣he␣? と入力します。アスタリスク（*）はワイルドカードと呼ばれ，検索時に特別な意味を持ちます。詳しくは 4.3.4 や 5.2.2 を参照して下さい。また，新しい検索に移るときには必ず [RESET] ボタンをクリックして下さい。

4.3.3　活用形を一括で検索する

　コーパスを検索するとき，その語の活用形を含めるかどうかで結果が異なります。例えば，experience という単語を検索するとき，[WORD(S)] のボックスに experience をそのまま入力すると，名詞の単数形あるいは動詞の原形である experience を含む文のみが検索の対象となります。動詞の活用形の experiences, experiencing, experienced（および名詞の複数形の experiences）も同時に検索の対象にしたいときには，検索の対象

の文字列を半角の角括弧（[ ]）で囲むことでレマ化することができ，検索の対象に活用形を含むことができます。つまり，experience の場合，[experience] として検索することで進行形や過去形なども同時に表示されるようになります。また，「|」で区切ることで OR 検索が可能になります。例えば，experiences|experiencing などとすることで特定の活用形だけを指定して検索することもできます。なお，have など短縮形（'ve）のあるものは，[have] としてレマで指定することでそれらも一括して検索されます。

4.3.4　品詞を指定する

　experience には動詞の用法と名詞の用法があります。[experience] で検索すると，experience と experiences では動詞と名詞ともにヒットしてしまいますが，COCA では品詞を指定して検索する方法が用意されています。品詞は，単語の直後にピリオドを打って品詞タグを [ ] に入れて，.[品詞タグ] のように書きます。表2は代表的な品詞タグ（英国ランカスター大学が開発した自動品詞タグ付与プログラム CLAWS7 に基づい

表2　COCA で使用されている品詞タグ（抜粋）

タグ	意　味
ND1	方向を表す名詞の単数形（例：north, southeast）
NN	数の変化のない一般名詞（例：sheep, headquarters）
NN1	一般名詞の単数形（例：book, girl）
NN2	一般名詞の複数形（例：books, girls）
NP	数の変化のない固有名詞（例：IBM, Andes）
NP1	固有名詞の単数形（例：London, Jane, Frederick）
NP2	固有名詞の複数形（例：Browns, Reagans, Koreas）
VV0	一般動詞の原形（例：give, work）
VVD	一般動詞の過去形（例：gave, worked）
VVN	一般動詞の過去分詞形（例：given, worked）
JJ	一般的な形容詞

＊ http://ucrel.lancs.ac.uk/claws7tags.html を参考に作成

たもの）を抜粋して示したものです（動詞タグについては 5.2.1 参照）。

この表から，N で始まるものは名詞を，V で始まるものは動詞を，J で始まるものは形容詞を表していることが分かります。また，NN で始まるものが一般名詞，NP で始まるものが固有名詞です。複数形（NN2）や現在分詞（VVG）などの細かい区分を指定することもできますが，任意の文字列を表すワイルドカード（*）を用いて NN* や V*（大文字・小文字は区別されませんので nn* や v* でも可能です。4.4 では小文字で統一します）とすることで「一般名詞」や「動詞」といった一般的なカテゴリーを指定することが可能になります。なお，このワイルドカードはその部分に文字列がない場合も含みますので，NN* には NN も含まれる点に注意して下さい。

具体例として experience の品詞指定の例を見てみましょう（表3）。例えば，3人称単数の動詞として使用される experiences を検索したい場合は，experiences.[v*] とします。一方，experiences.[n*] とすると，複数形の名詞として使用される場合が抽出されます。また，レマ化と組み合わせて使用することも可能で，[experience].[n*] は名詞として使用される experience, experiences, experiencing を抜き出すことができます。後ろに .[VVN] を添えれば動詞 experience の過去分詞のみを抜き出すことができます。構文検索に品詞指定を利用する方法については 5.2.1 を参照して下さい。

表3 検索式の例

検索対象	検索式
【動詞】3人称単数の experiences	experiences.[v*]
【名詞】複数形の experiences	experiences.[n*]
【名詞】活用形を含む名詞の experience	[experience].[n*]

4.4 COCA で単語のふるまいを調べる

前節で紹介した COCA の検索機能を使うことで，単語のふるまいや類

義語の違いなどを明らかにすることができます。ここではその方法を紹介します。

4.4.1　語と語の相性（コロケーション）を調べる

まず特定の語がどのような語と結びつきやすいかその相性を調べてみましょう。この場合，[LIST]表示を使用します。[WORD(S)]に指定した語を中心に，それと共起する単語を集計することができます。画面上の[COLLOCATES]の文字列をクリックする入力ボックスが現れ，ここで共起する要素を指定します（ボックスを消すには再度クリックするか[RESET]ボタンを押します）。[COLLOCATES]に何も入力しなければ検索を実行したときに*が自動的に入力されます。これは「任意の単語」という意味で，すべての品詞の共起語を対象に集計します。また，[COLLOCATES]は品詞を指定して共起語を集計することもできます。品詞の指定は[POS LIST]の文字列をクリックすると入力欄と品詞の一覧を含んだドロップダウンリストが出てきますので（図3），ここから選択すれば，品詞のコードが自動的に検索ボックスに入力されます。[COLLOCATES]の直後にある数字は（図4），[WORD(S)]に指定した語の前後何語までを集計に含むかを指定するものです。

具体例として，動詞の experience の後にくる名詞で目的語として使われていると考えられるものを集計する場合（次ページ図5）について見てみ

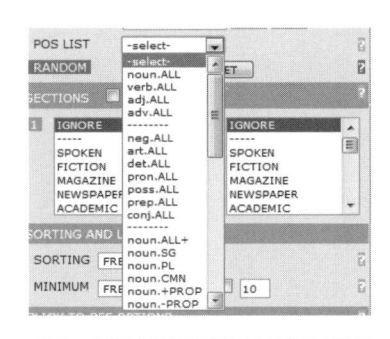

図3　COLLOCATES の POS LIST

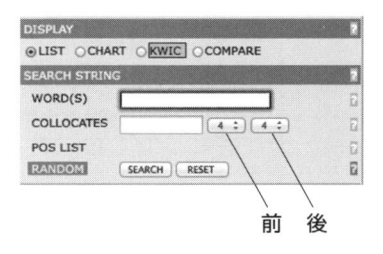

図4　コロケーションの検索画面

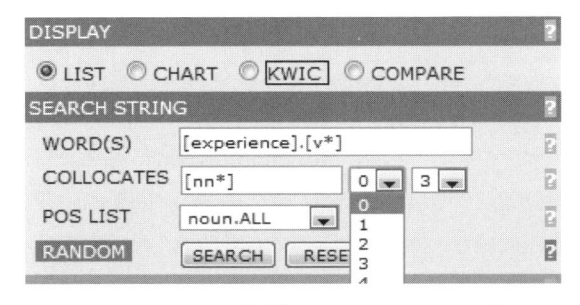

第 4 章　汎用コーパス COCA の使用法　43

図 5　experience（動詞）のコロケーションの検索

ましょう。まず，[LIST] 表示を選択し，[WORD(S)] に [experience].[v*] を指定します。これがコロケーションの中心となる単語になります。次に [COLLOCATES] に名詞を指定するため，直下にある [POS LIST] から noun.ALL を選択すると，入力欄にタグが自動的に挿入されます。あるいは，[nn*] を直接入力してもかまいません。ここでは後ろにくる名詞を集計することが目的ですので，前の数字は 0，後ろの数字は 3 を指定します。「直後」のみを集計するためには 1 となりますが，名詞の場合，冠詞や修飾語が入ることがありますので，少し余裕をもって 3 としておきます。

　例えば，後ろのスパンを 3 とすると，experience problems（後 1 の名詞），experience a problem（後 2 の名詞），experience a serious problem（後 3 の名詞）までを含み，それらを合わせて集計します。

　この条件で検索すると，動詞 experience の目的語として共起しやすい名詞のリストを得ることができます。

　　problems, life, pain, growth, difficulties, symptoms, levels, loss, stress, difficulty（頻度上位 10 語）

　このように [LIST] 表示のコロケーション集計を使うことで特定の動詞と共起しやすい名詞，あるいは特定の動詞と共起しやすい副詞，特定の名詞と共起しやすい形容詞など，品詞ごとに傾向をみることができます。

さらなる例として，experience と共起する副詞と形容詞の検索について見てみましょう。動詞の experience と共起する副詞を検索する場合は，[WORD(S)] に [experience].[v*]，前後3のスパンで [COLLOCATES] に [r*]（副詞）を指定すると，ever, never, more, also などが上位にきます。名詞の experience と共起する形容詞を検索する場合，[WORD(S)] に [experience].[n*]，前1・後0のスパンで [COLLOCATES] に [j*]（形容詞）を指定すると personal, human, sexual, past などがヒットします。

この検索方法を使えば，生徒の英作文中の表現をチェックすることができます。例えば「充実した1日でした」の訳だと思われる It was a massive day. という作文があったとします。確かに和英辞典で「充実」を引くと massive という語が出てきますが，果たして a massive day というのは自然な表現なのか確かめてみましょう。

[LIST] 表示を選択し，[WORD(S)] に [massive] を，[COLLOCATES] に [nn*] を指定し，後ろのスパンを1とすると，massive の共起語リストが得られますが，day は含まれていません。また，[COLLOCATES] に day を入れて検索してみても，massive の直後に day が使われている例はわずか4例しか検出されず，その4例を見てみても「充実した」という意味で massive が使われている例はありません。例えば，用例1 "Sept. 11, all the people who died that day. It was just a massive day, a black scar on the history of the United States, …" は9.11の連続テロ事件の日を「アメリカ合衆国の歴史に深い傷跡を残した重大な日」だとして a massive day を使っています。これらのことから，a massive day は「充実した1日」という意味で使われる表現ではないと判断できます。代わりの表現を調べるには，[WORD(S)] に [day] を，[COLLOCATES] に [j*] を指定し，前のスパンを1とします。a full day, a great day, a busy day などを使うように指導できます。

4.4.2　類義語の使い分けを調べる

互いに意味が類似した単語でも，共起語は異なります。共起語の違いが

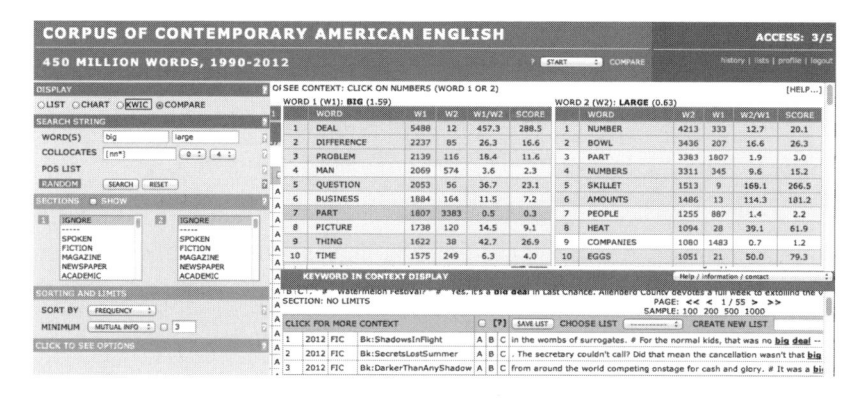

図6 big と large の共起語比較

分かれば，両者の単語を使い分けることができます。検索モード［COMPARE］で big と large の相違を調べてみましょう（図6）。

［COMPARE］を選ぶと，［WORD(S)］にボックスがもう1つ追加され，2語間の共起語の比較を行うことができます。一方に big を，もう一方に large を入れ，前0・後4のスパンで［COLLOCATES］に [nn*]（一般名詞）を指定します。

一方の語にのみ強い共起傾向を示す語は緑で，両方に共通して共起する語はピンクでハイライトされます。big には deal, difference, problem などが，large には number, bowl, amount などが強い共起傾向を示していることが分かります。日本語では同じ「大きい」という語で表される2語ですが，その語の後ろにはどんな語がくるのかを示すことで，「問題」，「差」が大きいときには big，「数」や「量」が大きいときは large というように，類義語の使い分けを教えることができます。

4.4.3　ある単語と同じように使える別の語を探す

CORPUS.BYU.EDU には6万近くの語の類義語情報が組み込まれていますので，類義語検索を行うことができます。［LIST］表示で［WORD(S)］のボックスに [=hard] のように [= と] で検索語を囲んで入力すると，

その語の類義語のリストが頻度順に表示されます。ここまでは単に類語辞典（シソーラス）を引いているのと同じことですが，この類義語検索を応用すれば，生徒の表現を豊かにすることができます。例えば「きつい仕事」を生徒に英語で言わせると，ほぼ全員が hard work と答えるでしょう。hard 以外にもっとぴったりの形容詞はないのでしょうか。そのような場合，[=hard] work と入力すれば，difficult, challenging, tough, demanding などの語がたちどころに見つかります。同じように，[=good] idea, [=new] idea, [=bad] idea でも調べてみて下さい。

少し高度ですが，[[=clean]].[v*] the [n*] と入力すれば，動詞 clean (.[v*]) のすべての活用形 ([ ]) の類義語 ([=clean]) で，そのあとに the の付く名詞 (the [n*]) を目的語にとる表現を調べることができます。その上，clean の類義語の動詞がどんな目的語を取るのか，すなわちどこをきれいにするのかによって，どんな動詞を使うことができるのかがよく分かります。wipe the sweat/tears, clean the house/air, mop the floor などがその例です。

4.4.4　コーパス間の比較で地域差を調べる

統計値フレームの右上端に［COMPARE］と［SIDE-BY-SIDE］というタブがあります。これらは同じ検索を CORPUS.BYU.EDU のサイト内の COCA とは別のコーパスと比較するためのツールです。［COMPARE］タブからコーパスを選べば，別のコーパスに切り替わり，同じ文字列・条件で検索した結果が表示されます。［SIDE-BY-SIDE］という機能を使えば，2つのコーパス間の結果が比較できます。図7（次ページ）は good の直前に来る副詞を検索し，［SIDE-BY-SIDE］で BNC と比較した結果を示しています。RELEVANCE でソートしてあるので，それぞれのコーパスにより強い共起関係を示す語が上位に並んでいます。COCA では real good や mighty good が，BNC では okay good, outstandingly good, bloody good, jolly good などが多く使われているのが分かります。これはアメリカ英語とイギリス英語の特徴的な差を表していると言えるでしょう。

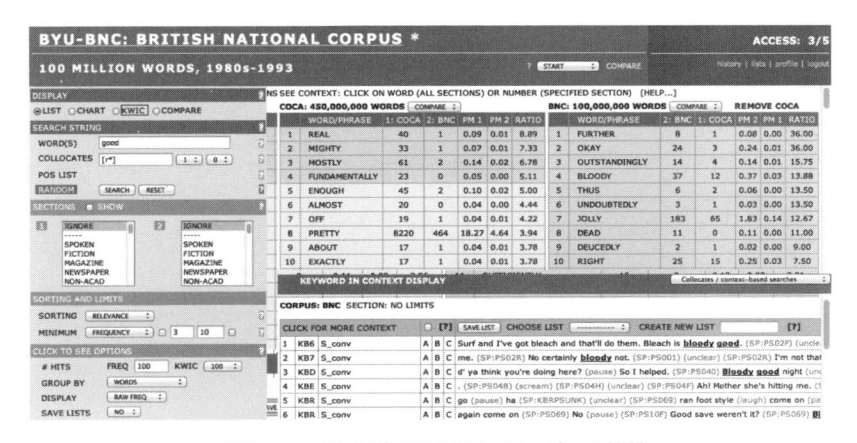

図7 good を修飾する副詞のコーパス間比較

4.5 リストの保存

最後に，用例の保存について紹介します。検索の結果得られた用例フレームの中の用例から保存したい用例をクリックで選択（あるいは [SAVE LIST] ボタンのすぐ右のチェックボックスをクリックして全選択）し，[CREATE NEW LIST] のボックスにリストにつけたい名前を入力して，[SAVE LIST] をクリックすれば，用例のリストを BYU のサーバー内に保存することができます。ただし用例自体はダウンロードできません。保存したリストは，後から [CHOOSE LIST] から選んで再利用することができます。また，各用例のヘッダの後にある ABC というアルファベットは，クリックして用例を色分けすることができる機能です。リストを意味や用法などで分類したり，並べ替えたりしたい場合のグループ分けに使用できます。

4.6 おわりに

COCA を含む7つのコーパスと多様な検索機能の両方が備わっている CORPUS.BYU.EDU は，インターネット環境があればブラウザーだけで英語の様々な側面を調べることができます。しかしながら機能が豊富なた

め，自由に使いこなすには時間がかかるかもしれません。英語の表現に関する疑問が生じたら辞書を引くのと同じように，毎日辞書代わりに使うことをお勧めします。そうしているうちにそれぞれの機能が理解でき，機能と機能を組み合わせることで高度な分析ができるようになります。

第 5 章 汎用コーパス COCA を使った例文作成

5.1 はじめに

新しい文法項目を導入するとき，定着を図るためには様々な例文を提示することが有効だと考えられます。例えば，未来を表す仮定法の were to がどのような動詞とともに使われているかを示せば，具体的なイメージを持たせることができるでしょう。しかしながら，辞書や参考書など手元の資料を見ると例文が似ていて，十分なバリエーションを確保できないなど，適切な例文が見つからないこともあります。

本章の目的は，コーパスから，感嘆文，不定詞，仮定法など，文法項目に沿った例文を効率的に抜き出す方法を提示することです。そのためには 4 章で紹介した検索方法から一歩進んで，文法形式を定式化し，検索式を考えるということが必要になります。以下では学校文法の枠組みに沿った形で，文法形式の定式化の方法と，COCA での検索結果および例文の作成方法について示していきます。検索の方法が理解できたら実際に手を動かして COCA で検索してみて下さい。従来，文法は統語構造が中心に研究されてきましたが，コーパス言語学の発展により，語彙を中心とした文法研究に注目が集まるようになってきています。本節で提示する結果を見れば，語彙と文法が密接に関連していることが分かるでしょう。

5.2 文法項目を定式化する

コーパスから文法項目に沿った用例を抜き出すには，語句を入れて検索する場合と比較して一段階高度な処理が必要です。文型，時制，完了形，助動詞などの文法項目は，多くの場合「パターン」が存在しますが，これ

を検索式に置き換えるという定式化の作業が必要になるのです。この検索式により目的の用例を効率的に抽出できるようになります。ここでは文法項目を定式化するのに役立ついくつかのテクニックを見ていきます。

5.2.1 品詞を指定する

4.3.4 で COCA は品詞を指定した検索ができることを見ました。例えば，一般名詞は [nn*]，動詞は [v*] で表すことができます（品詞タグでは大文字・小文字は区別されません。以下の検索式では小文字で統一します）。この手法は，文法項目を検索するときにも有効です。

例えば，Let's ～という勧誘の表現（多くの書籍では「文の種類」という項目で扱っています）に続く動詞を検索する場合は，let␣'s␣[v*] とします。このとき，アポストロフィの前には半角スペースが必要となることに注意してください（詳しくは 4.3.2）。この結果，let's と共起する語として go, get, talk, see などを得ることができます。

文法項目を検索する場合，さらに詳細な品詞の指定が必要となる場合があります。例えば，未来の受け身を表す <will be + 過去分詞形> という表現を検索するためには「動詞」という情報以上に「動詞の過去分詞形」という指定が必要となります。過去分詞形は gone, seen, built など，不規則な変化が多いため，個別の表現を指定して検索することは非効率的でしょう。

COCA では品詞の活用形など，さらに細かい指定が可能です。表 1（次ページ）は，COCA で使用できる一般動詞のタグの一覧を示したものです。この表から，過去分詞形は VVN であることが分かります。この情報を利用すると，「未来の受け身」は次のように定式化することができます。

<will be + 過去分詞> → will be [vvn]

この結果，will be held, will be used, will be made, will be required, will be published などが頻度の高い表現としてヒットします。

表 1　COCA の動詞のタグ

タグ	意味
VV0	一般動詞の原形（例：give, work）
VVD	一般動詞の過去形（例：gave, worked）
VVG	一般動詞の ing 形（例：giving, working）
VVGK	連鎖動詞の ing 形（例：be going to の going）
VVI	不定詞（助動詞などの後の原形も含む）（例: to give..., It will work...）
VVN	一般動詞の過去分詞形（例：given, worked）
VVNK	連鎖動詞の過去分詞形（例：be bound to の bound）
VVZ	一般動詞の 3 人称単数現在（例：gives, works）

＊ http://ucrel.lancs.ac.uk/claws7tags.html を参考に作成

5.2.2　単語の検索にワイルドカードを利用する

　品詞検索の際，動詞などを一般化するためにワイルドカード（*）を使用しました。このワイルドカードは単語の検索にも直接利用でき，スペースを前後につけて * を利用すると，* が任意の 1 つの単語として処理されます。これにより詳細な構文の検索が可能になります。例えば，<will be ～ for> という構文で使われる表現を検索する場合は次のようになります。

【検索式】（LIST モード）：will be * for
【結果】（頻度上位 5 つ）：will be responsible for, will be good for, will be available for, will be used for, will be looking for

　また，ワイルドカードを 2 つ使用することで複数の語の連なりを検索対象とすることもできます。

【検索式】（LIST モード）：will be * * for
【結果】（頻度上位 5 つ）：will be with us for, will be very difficult for, will be held accountable for, will be no need for, will be a need for

5.3 特定の文法項目をコーパスから検索する

本節では品詞タグを使った検索方法とワイルドカードを使った検索方法を主に使用し，文法項目に沿った用例の検索方法を提示します。文法項目名を示した後，それを検索するための検索式，検索結果と簡単なコメントを順に提示します。また，必要に応じて例文の作成例を示します。実際に例文を作成する場合は，コンコーダンスを見て共起しやすい前置詞や名詞などを選択して使用するとよいでしょう。また，コンコーダンスラインにはそのまま例文として使えるようなものもありますので，それを利用してもよいでしょう。

文の種類

【文法項目1】What ではじまる感嘆文
【検索式】（LIST モード）
 (a) . what a [nn*]（ピリオドと what の間の半角スペースに注意）
 (b) . what a [j*] [nn*]
【結果】（頻度上位5つ）
 (a) What a waste, What a difference, What a shame, What a relief, What a mess
 (b) What a great idea, What a great crowd, What a great way, What a beautiful day, What a good idea

感嘆文は疑問詞が文頭にきます。冒頭にピリオドとその次に半角スペースを入力することで文中ではなく文頭の疑問詞に限定できます。これで文頭の what をヒットさせることができます。ここでは＜What＋a＋名詞＞に加えて，件数は相対的に少なくなりますが，＜What＋a＋形容詞＋名詞＞のパターンも検索してみました。What a great crowd!（すごい人の群れだ！）は一般的な参考書にはあまり掲載されていないものだと思いますが，コーパスを見ることでこのような表現も発見することができます。

【文法項目2】Beではじまる命令文
【検索式】(LISTモード)
　(a) . Be * (ピリオドとBeの間の半角スペースに注意)
　(b) . Do n't be * (ピリオドとDoとn'tの間の半角スペースに注意)
【結果】(頻度上位5つ)
　(a) Be sure, Be careful, Be right, Be a, Be prepared
　(b) Don't be afraid, Don't be surprised, Don't be a, Don't be fooled, Don't be so
【例文作成例】
　(a) Be careful not to be late for the party.
　(b) Don't be fooled by the title.

　(a)ではBeで始まる命令文を検索します。4番目にヒットしたBe aはこの後に名詞が続くと考えられますが、このようなものを排除して形容詞に限定する場合はアスタリスクの代わりに[j*]を指定します。検索結果をクリックするとコンコーダンスが表示されます。コンコーダンスを見ると、例えば、Be sureはtoと、Be carefulはtoおよびnot toと共起しやすいといったことなどが分かります。(b)ではDon't be 〜 の形式の命令文を検索します。Don't be fooledなどはコーパスを検索しないとなかなか出てこない例でしょう。コンコーダンスを見ると、byを伴うことが多く、Don't be fooled by the title. (肩書きに騙されるな) などのような例文を作成することができます。

文型

【文法項目3】形式目的語をとる形容詞1
【検索式】(LISTモード)
　WORD(S): [find] it [j*] to
【結果】(頻度上位20から選抜)
　find it difficult to, find it easier to, find it necessary to, find it

impossible to, find it harder to, find it helpful to, find it useful to
【例文作成例】
　I find it necessary to be able to speak several languages.

　動詞 find が第5文型で形式目的語とともに伴う形容詞を検索します。形式目的語が to 不定詞を受ける場合，difficult, easier, harder などの難易を表す形容詞や helpful, useful などの有用性や necessary のような必要性を表す形容詞がくることが分かります。
　次に形式目的語が that 節で受ける場合について検索します。

【文法項目 4】形式目的語をとる形容詞 2
【検索式】(LIST モード)
　WORD(S): [find] it [j*] that
【結果】(頻度上位 20 から選抜)
　find it interesting that, find it ironic that, find it strange that, find it odd that, find it incredible that, find it fascinating that, find it curious that
【例文作成例】
　I find it strange that he didn't say anything.

　上の結果から，主に that 節以下についての評価や判定を表す形容詞が多いことが分かります。このことから to 不定詞の構文と that 節の構文は異なる意味を表す形容詞と共起する傾向にあるということが明らかになります。

時制
【文法項目 5】完了進行形 (時制)
【検索式】(LIST モード)
　WORD(S): [have] been [v?g*]

【結果】(頻度上位 20 から選抜)

've been doing, 've been talking, has been working, have been trying, 've been thinking, has been going, 've been waiting, 've been looking

【例文作成例】

We've been trying to reach them on the radio. / This process has been going on so long. / This is something that I have been thinking about. (以上 COCA より)

完了進行形は動作動詞を伴うと指導され，play や watch など動作性の高い動詞を典型的な例として提示されることが多いですが，参考書などで示されているバリエーションは限られています。形式は <have been ~ing> ですので，have はレマ化し，進行形は POS LIST から Verb.ING を選択します (検索欄に [v?g*] が入力されます)。これは，VDG (doing)，VVG (giving, walking など)，VVGK (going to など) などの進行形を表すタグを一般化した形です。コンコーダンスラインを調べると，have been trying, has been going, 've been looking はそれぞれ try to, go on, look for などの句動詞として使われていることが多いことが分かります。また，思考を表す動詞の think が完了進行形で使われることが多いことも分かります (この think は「考える」という動作を表すものだと考えられます)。

受動文

【文法項目 6】 <be + 過去分詞形 + at> 型の受動文

【検索式】(LIST モード)

WORD(S): [be] [v?n*] at

【結果】(頻度上位 20 から選抜)

be reached at, be found at, is aimed at, be held at, be looked at, is located at, be surprised at

【例文作成例】

I'm surprised at the news. / More information can be found at the company's webpage. / The hospital is located at the center of the city.

受動態には by 以外の前置詞 (at, to, with など) がくることがあり，be surprised at や be shocked at などがあります。これらは感情を表す表現で，at 以下のものに主語が影響を受ける (at 以下が動作主・原因) として解釈されます。コーパスを見ると，<be＋過去分詞形＋at> の構文は，感情表現だけではなく，at が場所や目標を示す前置詞として使用されることも多いことが分かります。ただし，この場合，at 以下を主語にして能動態に書き換えることはできない点に注意が必要です (動作主は文中に明示されない場合がほとんどです)。このような用法も受動態のバリエーションとして示すことでより包括的な説明が可能になるでしょう。

動名詞

【文法項目 7】 <There is no ～>

【検索式】 (LIST モード)

WORD(S): there is no [v?g*]

【結果】 (頻度上位 20 から選抜)

there is no denying, there is no mistaking, there is no escaping, there is no stopping, there is no telling, there is no doubting, there is no avoiding, there is no disputing

【例文作成例】

There is no denying that a problem exists. (COCA より)

<There is no ～ing> で「～することはできない」という意味を表します。動詞の ing 形は POS LIST から verb.ING を選択し，[v?g*] を入力します。検索の結果をみると，there is no denying の頻度が圧倒的に高く，

定形表現として用いられていることが分かります。

比較

【文法項目 8】 <less 〜 than>

【検索式】(LIST モード)

WORD(S): less * than

【結果】(頻度上位 20 から選抜)

important, likely, expensive, often, frequently, effective, severe, dangerous, common, costly, efficient

【例文作成例】

Presentation is less important than content. / We receive calls less often than once an hour.

<less 〜 than> は日本語にない言語表現形式なので，どのような表現が使われるかは興味深い点です。COCA での検索の結果から，重要度や頻度，効率，危険性などを表す単語が多いことが分かります。

仮定法

【文法項目 9】 <were to>

【検索式】(LIST モード)

WORD(S): were to [v*]

【結果】(頻度上位 20 から選抜)

were to happen, were to become, were to say, were to ask, were to meet, were to find

【例文作成例】

If something terrible were to happen to me … / If you were to become President, … (以上 COCA より)

「未来を表す仮定法」として教えられる were to と共起する動詞を調べ

ると，happen, become, say, ask などの頻度が高く，コンコーダンスラインを見てみると，議論上の仮定を表すことが多いことが分かります。

5.4 おわりに

　本章では学校文法の枠組みに沿って，目的に応じた用例をコーパスから抽出する手法について見てきました。品詞タグやワイルドカードを使ってそれぞれの項目を定式化することで，文法項目に沿った思い通りの検索ができますので，ここで示したもの以外も是非試してみてください。

　コーパスから得られたデータは，例文やテストの作成に有益なのはもちろんですが，新たな発見があったり，「定説」とされていることが実はそれほど一般的ではないといったことなどを明らかにすることができます。教師自身の理解を深めるためにも，コーパスを日常的に使用し，客観的な目で言語データを見る姿勢を大事にしたいところです。

第6章 BNCweb による汎用コーパス BNC の使用法

6.1 はじめに

　この章ではウェブブラウザーを利用して British National Corpus (BNC) を検索できるサービス BNCweb について学びます。シンプルで分かりやすいインターフェースでありながら，高機能である点が特長です。例えば英語の使用における男女差や年齢差を調べたり (6.4, 6.5)，サブコーパスの語彙頻度表を作成する (6.8) には，この BNCweb が最適です。BNCweb 自体は BNC のデータとは独立した検索システムであり，無償で配布されていますが，これを自分でインストールして利用するのは難しいので，イギリスのランカスター大学で提供されているサービスを利用するのが手軽です。このサービスは，初回に利用者登録をすることで誰でも無償で BNCweb を利用できます。ただし，このサービスでは，BNCweb の本来の機能のうち，いくつかが利用できないという制限があります。一番大きな制限は，5,000 件を超える検索結果があった場合にはそのうちの 5,000 件のみが抽出されて表示されるというものです。本章では，このサービスを使って，基本的なコンコーダンス検索の仕方，主要な機能とその使い方，そして英語教育での活用例を紹介します。

6.2 利用者登録

　ランカスター大学で提供されている BNCweb を利用するためには，初回に1度だけユーザー登録をする必要があります。ユーザー登録をするには，ウェブブラウザーで http://bncweb.lancs.ac.uk/bncwebSignup/user/register.php にアクセスし，氏名，所属，メールアドレス，国，ユーザー名，

パスワードを入力します。アカウントは即時発行され，指定したメールアドレス宛に，確認のメールが届きます。

アカウントを作成して http://bncweb.lancs.ac.uk/ にアクセスすると，ユーザー名とパスワードの入力が求められるので，自分で決めたものを入力します。正しく認証されると，図1の初期画面が表示されます。

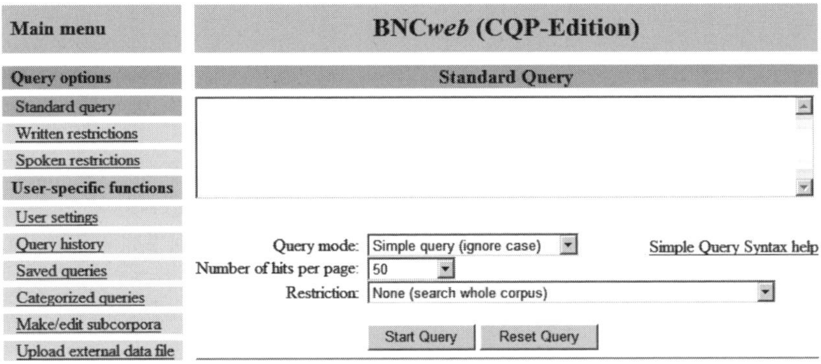

図1　BNC*web* の初期画面

6.3 基本的なコンコーダンサーとしての使い方
6.3.1 入力方法

特定の語句を検索する場合には，画面トップの検索ボックスに語句を入力して，[Start Query] ボタンをクリックします。ただし，句読点や所有格の 's と -s で終わる複数形に付く「'」，縮約形の各要素はそれぞれがひとつの単語として扱われるため，その前に半角スペースを入れて検索する必要があります。さらに，次の文字は検索時に特別な意味を持つ記号として使われるため，これらをそのままの意味で使いたい場合には前にバックスラッシュ（「\」だが，日本語 OS 環境では「¥」で表示されることがある）を付ける必要があります。

```
? * + , : @ / ( ) [ ] { } _ - < > |
```

具体的には，they've を検索するには they␣'ve と入力し，won't he? を検索するには wo␣n't␣¥? と入力します（␣は半角スペースを表しています）。

6.3.2　検索結果の表示

それでは実際に検索してみましょう。ここでは例として，単語 lovely を検索します。すると，図 2 のような画面で検索結果が表示されます。

```
Your query "[word="lovely"%c]" returned 6028 hits in 1253 different texts (98,313,429 words [4,048 texts]; frequency: 61.31 instances per million words), thinned with method random selection to 5000 hits
```

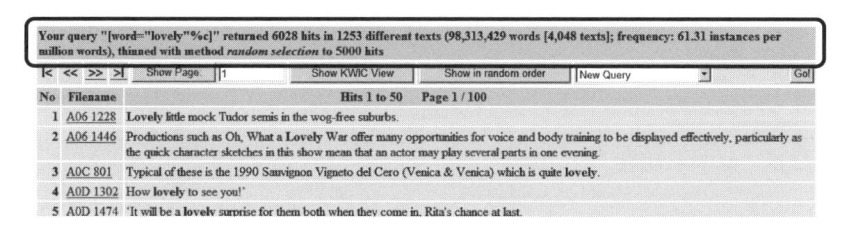

	<< >> >	Show Page: 1 Show KWIC View Show in random order New Query ▼ Go!
No	Filename	Hits 1 to 50 Page 1 / 100
1	A06 1228	Lovely little mock Tudor semis in the wog-free suburbs.
2	A06 1446	Productions such as Oh, What a Lovely War offer many opportunities for voice and body training to be displayed effectively, particularly as the quick character sketches in this show mean that an actor may play several parts in one evening.
3	A0C 801	Typical of these is the 1990 Sauvignon Vigneto del Cero (Venica & Venica) which is quite lovely.
4	A0D 1302	How lovely to see you!'
5	A0D 1474	'It will be a lovely surprise for them both when they come in. Rita's chance at last.

図 2　lovely の検索結果

枠で囲んだ最上部には検索結果に関する情報が表示されていますが，注目すべき主な項目は次のものです。

- 検索式にマッチする箇所の数：6028 hits（BNC の総語数は BNCweb では 98,313,429 語と数えています。）
- 検索式にマッチする箇所を含むテキストサンプルの数：1253 different texts（BNC の総テキストサンプル数は 4,048 です。）
- 100 万語あたりの頻度：61.31 instances per million words

マッチした件数が 5,000 を超える場合には，"thinned with method *random selection* to 5000 hits" という情報も表示されます。

マッチ件数が初期画面で指定した表示件数より多い場合には左上の［>>］で次のページ，［>|］で最終ページに移動することができます。

画面の大部分に表示されているのが検索結果です。検索式にマッチした部分が中央にそろった表示に変更するには［Show KWIC View］ボタンをクリックします。結果の表示順は初期設定ではテキストサンプルの ID

順ですが，この設定だと一部のテキストで多用される表現が連続して表示される場合もあります。[Show in random order] ボタンをクリックすることで，ランダムな順番での表示に切り替えることもできます。

　検索結果の表示形式と表示順の初期設定は変更することもできます。初期画面左にあるメニューで [User settings] を選択し，[Default view:] と [Default display order of concordances:] の値を変更することで，検索後に表示される表示形式と表示順を指定することができます。

　検索結果の各行の左にある Filename の列は，当該の用例を含むテキストサンプルの ID を示しています。この部分にマウスカーソルを置くと，そのテキストサンプルに関する詳細な情報が表示されます。

6.3.3　ソート機能

　マッチ部分の 1 語右や 2 語左といった位置を指定して，ソート（並べ替え）することもできます。検索結果画面のドロップダウンリスト（初期値は [New Query] が表示されています）で [Sort] を選択し，[Go!] ボタンをクリックすると，1 語右がアルファベットの昇順（ABC 順）でソートされた状態になります。この状態から，位置や品詞を指定してソートし直すことができます。例えばマッチした部分の直後の単語が名詞である例だけを選び，アルファベットの昇順でソートする場合は，[Position:] に [1 Right] を選び，[Tag restriction:] に [any noun] を選んで，[Submit] ボタンをクリックします（図3）。これにより，lovely の直後に名詞が来る例のみを見ることができます。

　lovely は「美しい，かわいらしい」と訳されることが多いことから，lovely が修飾する名詞には女性を指す単語が多いと予想されるかもしれませんが，lovely の直後の名詞でソートした結果を見ると，afternoon や area など，女性とは関係のない単語も多く見られるということが分かり

| Sort parameters: | Position: | 1 Right | Tag restriction: | any noun | ☐ exclude | Starting with letter: | all | Submit |

図3　ソートのパラメーター指定

ます。ただし，この条件では 2,231 件の用例がマッチしているため，全ての用例を読んだ上で傾向をつかむことは困難です。実際に lovely がどういう名詞を修飾することが多いのかを直感的に把握するには，コロケーション集計機能を使うのが便利です (6.6 で説明します)。

各種状態から，新しい検索式で検索を行いたい場合には，ドロップダウンリストが初期値の［New Query］となっていることを確認して，［Go!］ボタンをクリックすると，簡単に初期画面に戻れます。

6.4 検索対象となるデータを絞り込む

検索対象を書き言葉または話し言葉のみに制限したい場合は，検索ボックスの下にある［Restriction:］を［Written Texts］または［Spoken Texts］に変更してから検索します。

さらに細かい条件も指定できます。lovely は特にイギリス英語で女性が使うイメージがありますが，例えば，「男性が会話で使う lovely」の例を探すことができます。このような条件を指定する場合は，初期画面の左側にあるメニューの［Spoken restrictions］を選択し，検索対象に含めたい属性を選択します。この場合は［General Restrictions for Spoken Texts:］内の［Interaction Type:］で［Dialogue］を選択し，［Speaker Restrictions:］内の［Sex:］で［Male］を選択した上で，検索ボックスに lovely を入れて［Start Query］ボタンをクリックします。検索の結果，635 例がマッチして，全ての用例を見ることができます。lovely は男性も少なからず使う単語であるということが分かります。

何度も同じ条件で検索対象データを指定して検索する場合には，あらかじめテキストのジャンルや発話者の性別，年齢などを自分で自由に選択して作った条件付きデータ（サブコーパス）を定義しておくこともできます。サブコーパスの作り方については 6.8.1 で解説します。

6.5 検索結果の分布を確認する

検索式にマッチした用例が話し言葉・書き言葉のどちらに多いのか，ど

のジャンルで多いのか，どのような発話者の属性（性別，年齢，社会階層など）に多いのか，といった分布を見ることもできます。例えば図2のlovelyの検索結果画面で，ドロップダウンリストで［Distribution］を選択し，［Go!］をクリックすると，lovelyの使用例の分布状況の概観が表示されます（図4）。

lovelyの使用状況としては，書き言葉の頻度が100万語当たり41.75回であるのに対し，話し言葉では226.53回です。性別では，女性の使用頻度は100万語当たり99.34回ですが，男性の使用頻度は26.82回です。他にも年齢やジャンルなどの詳しい使用状況の分布を知ることができます。

6.6 任意の語句のコロケーションを調べる

検索した語句の前後の位置で使われている単語を集計することで，コロケーションを調べることもできます。例えばlovelyが修飾する名詞のコロケーションを調べる場合の手順は以下の通りです。

1 通常の方法でlovelyを検索します。

2 検索結果ページのドロップダウンリストで［Collocations ...］を選択し，［Go!］ボタンをクリックします。

3 パラメーターを指定し，［Submit］ボタンをクリックします。3つのパラメーターがありますが，よく使うのは［Include lemma

Your query "[word="lovely"%c]" returned 6028 hits in 1253 different texts, thinned with method *random selection* to 5000 hits. The current solution set was found in 1177 texts.

Your initial query result was thinned. Extrapolated word counts and the corresponding frequeny per million words figures are given in columns 6 and 7 (thin-factor: 0.8295). The smaller the thin-factor, the less reliable these figures will be.

Categories: General information ［Show distribution］

Categories (for crosstabs only): no crosstabs ［New Query］ ［Go］

The following distribution was found:

Spoken or Written:

Category	No. of words	No. of hits	Dispersion (over files)	Frequency per million words	No. of hits (extrapolated)	Frequency per million words (extrapolated)
Spoken	10,409,858	1,956	301/908	187.9	2,358	226.53
Written	87,903,571	3,044	876/3,140	34.63	3,670	41.75
total	**98,313,429**	**5,000**	**1,177/4,048**	**50.86**	**6028**	**61.31**

Derived text type:

図4　lovelyの使用の分布状況

information］です。これを yes にすると前後の単語の見出し語の情報を含めて集計されるため，見出し語化された形でコロケーションのリストを得ることができます。ここではこれを yes に変更します。

4 lovely の前後 5 語の範囲内に生起する単語のリストが表示されます。(この段階ではまだ見出し語でまとめられていません。単語は統計指標の 1 つである，対数尤度比 (log-likelihood) の値の高いものから並べられています：統計指標については 16.4.2, 17.2.2 を参照)
5 さらに品詞，位置，ソート方法 (［statistics:］) などが指定できます。例えば，［Information:］を［collocations on lemma］に，［Collocation window span:］を［1 Right］-［2 Right］に変更して［Go!］ボタンをクリックすると，lovely の後の 1-2 語の範囲にある単語を見出し語でまとめたリストが得られます。ここからさらに［and/or lemma class:］を［SUBST］(名詞) に変更して［Go!］ボタンをクリックすると，名詞のみのリストが得られます。girl, day, garden, lady, place, evening などの語が上位を占めていることが分かります。
6 Observed collocate frequency の列の数値 (指定した条件で使われている回数) をクリックすると，lovely ＋当該の名詞のコンコーダンスラインを見ることができます。

なお，この機能で得られるデータは，あくまで一定の範囲にある単語を集計したものに過ぎないということには注意が必要です。例えば，上記の条件で得られるデータには 17 位に thanks がありますが，実際の使用例を見ると，"Lovely, thanks a lot."(KS7 756) のような表現ばかりで，lovely ＋ thanks というコロケーションではないことが分かります。

6.7　特殊な検索

検索時に特殊な記号を使うことで，通常の単語や句ではできない検索をすることもできます。ここでは特に有用なものを紹介します。なお

BNC*web* の初期画面の検索ボックス下にある Simple Query Syntax help というリンクから表示できる PDF ファイルに，検索方法の概略が説明されています。

まず「任意の x 語」,「単語中の任意の x 文字」という指定はワイルドカードを使用することで可能になります。単語に対応するワイルドカードには任意の 1 単語に対応する「+」と，任意の 0 個または 1 個の単語に対応する「*」があります。また，これらを組み合わせることもできます。

文字に対応するワイルドカードには，任意の 1 文字に対応する「?」，任意の 0 文字以上に対応する「*」，任意の 1 文字以上に対応する「+」があります。単語に対応するワイルドカードとは意味が異なるので注意が必要です (表 1)。

単語の見出し語形を｛ ｝に入れることで，複数形，過去形，比較級など，その見出し語の全ての変化形をまとめて検索することもできます。見出し語の指定はワイルドカードと組み合わせることもできます (次ページ表 2)。

単語に対して品詞を指定した検索も行えます。単語の後に「_」(アンダースコア・下線) と品詞タグを続けることで，入力した語形のうち，その品詞タグが付与されたもののみを検索することができます。単語部分にも品詞タグにも，文字に対応するワイルドカードを使うことができます。見出し語形指定と併用することもできます。

表 1　ワイルドカードの使用例

記号	使用例	マッチするパターン；例
		単語に対応するワイルドカードを使った検索
+	these + people	these と people の間に 1 語；these young people
*	these * people	these と people の間に 0–1 語；these people, these old people
		文字に対応するワイルドカードを使った検索
?	h?t	hit, hot, hst
*	new*	new, news, newspaper
+	not+	notice, nothing, notable

表2　見出し語形と品詞指定

使用例	マッチする単語の例
見出し語形での検索	
{get}	get, gets, getting, got, gotten
{take*}	take, took, taking, takeovers, takeaway
品詞を指定した検索	
lights_NN2	名詞複数形の lights のみ
+en_V?N	-en で終わる過去分詞形である任意の単語

表3　簡易品詞タグと使用例

簡易品詞タグ	該当する品詞など
{A}	形容詞・数詞・決定詞（冠詞を除く）
{N}	普通名詞・固有名詞
{V}	動詞・助動詞
使用例	マッチする単語の例
*_{V} または _{V}	任意の動詞
{+ize}_{N}	単数形が -ize で終わる名詞；size, prizes

　品詞タグは，BNC で使われている CLAWS5 のタグセット（http://ucrel.lancs.ac.uk/bnc2/bnc2guide.htm#tagset）に含まれるものに加えて，BNC*web* で独自に利用可能な簡易品詞タグも使えます。主な簡易品詞タグには，表3のようなものがあります。これを使うことで，例えば動詞の catch とその全ての変化形を {catch}_{V} で簡単に表現することができます。さらに，語形を指定せずに品詞タグだけを指定することもできます。

6.8　活用例：特定のサブコーパスを分析する
6.8.1　サブコーパスを作る
　本節では，BNC*web* の活用例として，BNC の全データ中から，特定のジャンルや属性などを選択してサブコーパスを作成し，その中での語彙頻

度を調べる方法を解説します．サブコーパスの語彙データを調べることで，例えば特定の分野で高頻度で使われる語彙を調べることができます．

ここで語彙頻度リストを作成するサブコーパスの例は，「自然科学分野の英語」です．このサブコーパスから語彙頻度リストを作ることで，例えば理系志望の高校生や理系の大学生を対象とした重要単語リストを作ったり，その中から各分野の特徴を表す単語を選び，そのキーワードでインターネットを検索して教材にする英文を探したりすることができます．この条件でサブコーパスを作成するには，以下の手順を実行します．

1 初期画面左にあるメニューで［Make/edit subcorpora］を選択します．
2 ［Define new subcorpus via:］で［Written metatextual categories］を選択して［Go］ボタンをクリックします．
3 ［Genre:］内の［W:ac:nat_science］を選択して［Get text IDs］ボタンをクリックします．
4 右上の［include all］を選択して［Add］ボタンをクリックします．
5 サブコーパスにつける任意の名前を入力して［Submit name］ボタンをクリックします（ここでは例として nat_science とつけます）．これで 1,121,666 語のサブコーパスが作成されました（図 5）．

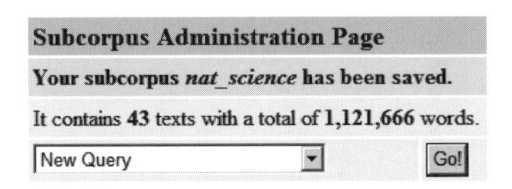

Subcorpus Administration Page
Your subcorpus *nat_science* has been saved.
It contains **43** texts with a total of **1,121,666** words.
[New Query ▼] [Go!]

図 5　作成されたサブコーパス

6.8.2 サブコーパスの語彙頻度リストを作る

次に，今作成したサブコーパスに基づく語彙頻度リストを作ります．

1 初期画面左にあるメニューで再度［Make/edit subcorpora］を選

択します。
2 作成した nat_science サブコーパスの［Frequency list］が［Compile］と表示されている場合にはこれをクリックします。すると，語彙頻度データが作成され，［Compile］が［Available］という表示に変わります。
3 初期画面左にあるメニューで［Frequency lists］を選択します。
4 右側の［Headword or lemma frequencies］の下にある［Choose one or more lemma classes:］で［no restrictions］を，［Range of texts:］で［Subcorpus: nat_science］を選択して（図6），その下の（つまり2つあるうちの右側の）［Show list］ボタンをクリックします。
5 このサブコーパス内で使われている単語（見出し語）の頻度データが表示されます。

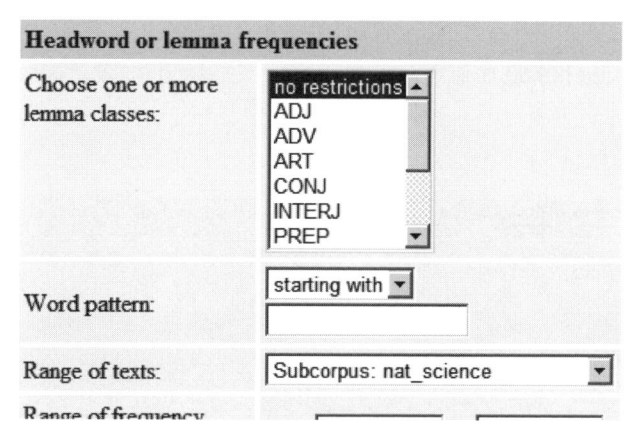

図6 サブコーパスの語彙頻度データ取得

6.8.3　サブコーパスのキーワードを抽出する

　このサブコーパスに限らず，上位100単語くらいでは，分野によって大きな違いが出ることはあまりないのですが，それ以下の頻度では分野ごと

に特徴的な単語が多く見られるようになります。しかしながら，多くの単語を見ながら，ある単語がその分野に特徴的であるかどうかを順位や頻度から直感で判断するのは容易ではありません。実は BNC*web* には，サブコーパス同士，あるいはサブコーパスと BNC 全体の語彙頻度を比較して，頻度の観点で一方に特徴的だと言えるような単語，すなわちキーワードを分かりやすく示してくれる機能があります。このキーワードのリストを作成するには，以下の手順を実行します（6.8.1 の手順で nat_science のサブコーパスを作ってあることが前提です）。

1　初期画面左にあるメニューで［Keywords］を選択します。
2　［Select frequency list 1］を［nat_science］に，［Compare:］を［Lemmas］に変更して，［Calculate keywords!］ボタンをクリックします。

結果のリスト（図7）には，自然科学のサブコーパスと BNC 全体を比較して，log-likelihood の値から一方のキーワードとして考えられるものが挙げられています。［+/−］の列の値が + になっているものが自然科学の

No.	Lemma	Frequency in 'nat_science'	Frequency in 'Whole BNC'	+/−	LL-value
1	)_STOP	18,222	397,730	+	23067.98
2	(_STOP	18,067	391,737	+	23047.63
3	i_PRON	411	1,128,916	−	21759.02
4	he_PRON	875	1,198,025	−	20425.2
5	you_PRON	331	805,150	−	15263.91
6	she_PRON	152	654,356	−	13238.81
7	'_STOP	1,528	768,885	−	8957.9
8	'_STOP	1,521	751,071	−	8652.63
9	dna_SUBST	1,632	3,381	+	8415.5
10	species_SUBST	2,071	9,563	+	7927.87
11	fig._SUBST	1,489	5,853	+	6107.66
12	?_STOP	429	387,819	−	5880.92
13	protein_SUBST	1,200	4,107	+	5202.37
14	say_VERB	289	317,714	−	5118.77
15	sequence_SUBST	1,289	5,621	+	5060.08
16	gene_SUBST	1,117	4,300	+	4621.24
17	's_UNC	1,067	446,506	−	4614.53

図7　キーワードリスト

サブコーパスでの使用頻度が高く，キーワード（の候補）と考えられる単語，- になっているものは逆にコーパス全体ではよく使われているけれども自然科学のサブコーパスではあまり使われていない単語を表しています。

データを見ていくと，DNA, species, fig., protein, sequence, gene, cell, region などの単語が自然科学のサブコーパスでは多用されているということが分かります。

このようにして得られるキーワードの中から各分野の特徴を表す単語を選んで，そのキーワードを使ってインターネットを検索すれば，教材に利用する英文を探す際に効果的です。そうして見つけた英文は，第13章で説明する方法で語彙レベルを確認し，易しく書き換えることによって，例えば理系の英語の授業に適した教材を準備することができます。

6.9　おわりに

3.3 で紹介したように，BNC はこのサービス以外でも利用可能ですが，バランスを考慮したサブコーパスから構成されている BNC の特徴を最も活かした分析ができるのは BNCweb です。特に，ある表現や構文が話し言葉と書き言葉のいずれで頻繁に用いられるのか，どのようなテキストタイプで典型的に使われるのか，年齢差や男女差があるのかなど，英語の使用域ごとの分布を調べるのに適しています。もちろんコロケーションについても，各種統計値を用いてきめ細かな分析が可能です。また，2013 年 11 月に BNCweb がバージョンアップし，BNC の話し言葉のデータのうち約 550 万語の音声を聞くことができるようになりました。日々利用することで BNCweb の多機能なサービスを1つ1つ身につけていきましょう。そうすることで，教材研究や自己研鑽にこのサービスは計り知れない恩恵をもたらすことでしょう。

実践編2
学習者コーパス

第7章　学習者コーパス概観

7.1　はじめに

　英語の学習者が，普段書いたり話したりしている英語を一定の基準で大量に集め電子化したものを学習者コーパス (learner corpus) と呼びます。学習者コーパスを見ることで，英語学習の各段階での英語使用の状況を観察できるので，学習した内容を実際に使えるかどうかの確認や，どのような誤用が多いか，など習得段階別の特徴をとらえることが可能になります。近年，学習者コーパスを大量に蓄積してそのデータから英語レベル別の特徴を見ることで，英語の習熟度を推定していく研究が進められています。それらの研究から習熟度別の英語指導や評価に貢献することが期待されています。

　本章では，まず，日本の英語教育に利用できる主要な学習者コーパスを紹介します。次に，代表的なコーパスである JEFLL Corpus を通して，学習者の間違いやすい文法エラーを確認する例を紹介します。最後に，習熟度別の英語教育との関わりに触れたいと思います。なお JEFLL Corpus の使い方については，第8章を参照して下さい。

7.2　学習者コーパスの利用目的と留意点

　学習者コーパスに見られる英語表現を観察すると，学習者にとってどの表現が使いやすく，どの表現が使いにくいのかが分かります。例えば，I was surprised の「驚き」を表す表現を，7.3.1 で紹介する JEFLL Corpus を使って調べてみると，中2から中3にかけて比較的よく使われる表現であることが確認できます。しかし I was surprised at... となると，この

学年ではまだ使えていないことが分かります。

このように，学習者の英語表現の特徴や使用傾向を具体的に確認したい時に学習者コーパスが参考になります。生徒の習熟度をある程度まで英語表現の形で確認できますので，特に指導内容や到達目標を吟味する際に貴重な資料となります。

一般的に，学習者コーパスは「学習者」と「タスク」の2点を中心に事前にデータ収集の方針を決めて計画的に集められています。そのため，学習者コーパスはそれぞれ対象や目的が異なっています。英語教育で利用する際には，各コーパスの性格をふまえて利用していく必要があります。

7.3 学習者コーパスの種類

ここでは，日本人英語学習者のデータが含まれ，日本の英語教育に利用しやすい学習者コーパスを以下5つの観点から概観します。

(1) コーパスの規模（特に日本人英語学習者のデータの総語数）
(2) 学習者の習熟度（初級・中級・上級）
(3) レベル基準（学年・利用したテスト・習熟度レベルなど）
(4) 英語の使用環境や特色（時間制限・辞書使用など）
(5) 利用目的（比較の種類）

7.3.1 書き言葉学習者コーパス

JEFLL (Japanese EFL Learner) Corpus

> 公式サイト：http://scn.jkn21.com/~jefll03/
> (1) 66万9,281語　(2) 初級から中級　(3) 学年（中学生・高校生）　(4) 20分／辞書使用不可／日本語使用可　(5) トピック別の比較・学年別の比較

6種類の身近なトピックで，中学生および高校生を対象に集めた書き言葉学習コーパスです。英語で表現できない部分は，日本語で表現することが許されていますので，どのような部分で日本語に頼っているかも観察できます（例えば次ページ図1のデータ内では [JP: 健康] と表示）。小学館

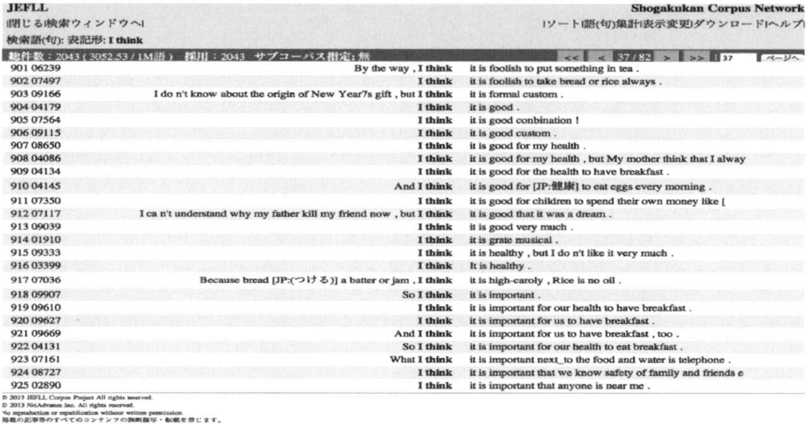

```
JEFLL                                                          Shogakukan Corpus Network
閉じる検索ウィンドウへ|                               |ソート順(句)集計表示変更ダウンロードヘルプ|
検索語(句):表記形: I think
総件数: 2043 ( 3052.53 / 1M 語)   採用: 2043  サブコーパス指定: 無        <<  <  37/82  >  >>   |37|  ページへ
901 06239                                By the way , I think   it is foolish to put something in tea .
902 07497                                              I think   it is foolish to take bread or rice always .
903 09166             I do n't know about the origin of New Year7s gift , but I think   it is formal custom .
904 04179                                              I think   it is good .
905 07564                                              I think   it is good conbination !
906 09115                                              I think   it is good custom .
907 08650                                              I think   it is good for my health .
908 04086                                              I think   it is good for my health , but My mother think that I alway
909 04134                                              I think   it is good for the health to have breakfast .
910 04145                                         And I think   it is good for [JP:健康] to eat eggs every morning .
911 07350                                              I think   it is good for children to spend their own money like [
912 07117           I ca n't understand why my father kill my friend now , but I think   it is good that it was a dream .
913 09039                                              I think   it is good very much .
914 01910                                              I think   it is grate musical .
915 09333                                              I think   it is healthy , but I do n't like it very much .
916 03399                                              I think   It is healthy .
917 07036              Because bread [JP:(つける)] a batter or jam , I think   it is high-caroly , Rice is no oil .
918 09907                                           So I think   it is important .
919 09610                                              I think   it is important for our health to have breakfast .
920 09627                                              I think   it is important for us to have breakfast .
921 09669                                         And I think   it is important for us to have breakfast , too .
922 04131                                           So I think   it is important for our health to eat breakfast .
923 07161                                        What I think   it is important next_to the food and water is telephone .
924 08727                                              I think   it is important that we know safety of family and friends e
925 02890                                              I think   it is important that anyone is near me .
```

図1　JEFLL Corpus での I think の検索結果画面

コーパスネットワークが提供する検索ツールが使え，トピックや学年別の比較ができます。

ICCI (The International Corpus of Crosslinguistic Interlanguage)

公式サイト：http://cblle.tufs.ac.jp/llc/icci/
(1) 23万3,403語　(2) 初級から中級　(3) 学年 (小学生，中学生，高校生)
(4) 20分／辞書使用不可　(5) 外国語学習者と日本人英語学習者との比較

　主として2種類のトピックで JEFLL Corpus と比較ができるように，世界8カ国（日本，オーストリア，イスラエル，中国，香港，ポーランド，スペイン，台湾）の母語の異なる初級から中級の外国語学習者を対象に集めた書き言葉学習者コーパスです。公式ホームページの専用 web 検索ツールを使うと，出身国，学年，学習者の母語，トピック別にコンコーダンスを通して用例を観察することができます。また，各用例の背景となる学習者やタスクの情報を即座に確認できますので，学習者特有の特徴を比較し解釈しやすくなっています。

NICE (Nagoya Interlanguage Corpus of English)

公式サイト：http://sugiura5.gsid.nagoya-u.ac.jp/~sakaue/nice/
(1) 11万6,135語　(2) 中級から上級　(3) 学年（大学生，大学院生）／英検，TOEIC，TOEFL　(4) 60分／辞書使用不可／英語母語話者コーパス付き　(5) 英語母語話者と日本人英語学習者との比較，トピック別の比較，習熟度別の比較

11種類のトピックで，大学生および大学院生を対象に集めた書き言葉学習者コーパスです。各種資格試験（英検，TOEIC，TOEFL）の情報を基に習熟度でも分析したり，英語母語話者の表現（11万9,020語）と比較することもできます。データはNICE公式ホームページからダウンロードし，テキストエディタやAntConc（第12章）で検索できます。

ICNALE (The International Corpus Network of Asian Learners of English)

公式サイト：http://language.sakura.ne.jp/icnale/
(1) 17万6,537語　(2) 中級から上級　(3) 学年（大学生）／TOEIC，TOEFL，CEFRレベル，Vocabulary Size Test　(4) 20-40分／辞書使用不可／200-300語／スペルチェッカ使用必須／英語母語話者コーパス付き　(5) 英語母語話者と第2言語（および外国語）学習者との比較，第2言語（および外国語）学習者同士の比較，習熟度別の比較

2種類のトピックで，アジア圏の大学生英語学習者を対象に集めた書き言葉学習者コーパスです。特に，外国語学習者（中国，インドネシア，日本，韓国，タイ，台湾），第2言語学習者（香港，パキスタン，フィリピン，シンガポール），英語母語話者（アメリカ，イギリス，カナダ，オーストラリア，ニュージーランド）の3種類の層から集めています。アジア地域の第2言語や外国語としての英語の特徴を確認する際に最も参考となるコーパスです。

習熟度の尺度としては，TOEIC，TOEFL，CEFRレベル（欧州評議会が提唱するヨーロッパ言語共通参照枠に基づく5技能6段階の習熟度レベ

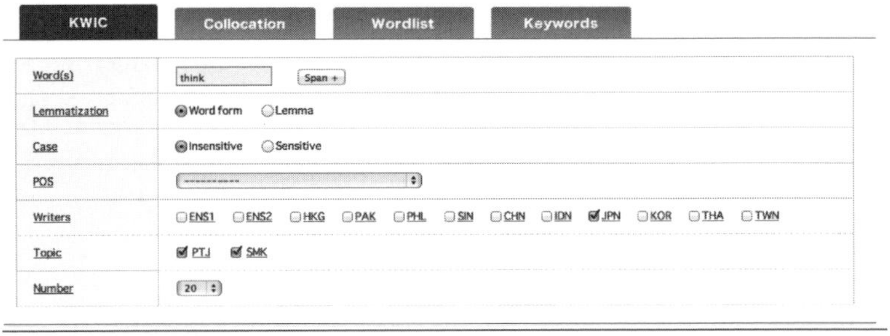

図2　The ICNALE Online の初期画面

ル：詳しくは 17.2.1）などが参照できます。コーパスは ICNALE 公式ホームページの The ICNALE Online（登録が必要）から利用でき，KWIC，コロケーション，ワードリスト，キーワード機能を使った検索ができます。また，データをダウンロードし，エディタや AntConc でも検索が可能です。

ICLE (The International Corpus of Learner English)

公式サイト：http://www.uclouvain.be/en-cecl-icle/
(1) 19 万 8,241 語　(2) 中級から上級　(3) 学年（大学3，4年生）／CEFR レベル　(4) 時間制限任意／辞書使用任意　(5) 外国語学習者同士の比較，習熟度別の比較

　提案されている 14 種類のトピックで，16 種類の母語の異なる中級から上級外国語学習者（大学3，4年生）を対象に，論述形式のエッセイを中心として集められた書き言葉学習者コーパスです。異なる母語を持つ外国語学習者同士の比較，異なる習熟度の外国語学習者同士の比較，などができるようになっています。習熟度別の比較の尺度としては上述の CEFR レベルを参照することができます。データは有料で Louvain 大学公式ホームページよりハンドブック（Granger et al., 2009）を購入することで付属の CD-ROM から入手できます。付属ソフト REQUEST を使って，性別，国籍，学習者の母語といった観点でも詳細に検索できるようになっています。

7.3.2　話し言葉学習者コーパス
The NICT-JLE (The National Institute of Information and Communications Technology Japanese Learner English Corpus)

> 公式サイト：http://alaginrc.nict.go.jp/nict_jle/
> (1) 205万898語（インタビュアの発話を含む）　(2) 初級から上級　(3) TOEIC，TOEFL，SST準拠の9レベルなど　(4) 10-15分／辞書使用不可／英語母語話者コーパス付き／日本語訳コーパス／エラータグ付き　(5) 英語母語話者と日本人英語学習者との比較，習熟度別の比較

　全米外国語教育協会（ACTFL）の Oral Proficiency Interview（OPI）を基に，ACTFL とアルクが共同開発した Standard Speaking Test（SST）のインタビュー結果をコーパス化した話し言葉コーパスです。1人10-15分で，Stage 1（ウォームアップ），Stage 2（イラスト描写），Stage 3（ロールプレイ），Stage 4（ストーリー作り），Stage 5（簡単なQ&A），といった5つの段階を通して発話が集められています。データは，The NICT JLE Corpus 公式ホームページからダウンロードでき，エディタや AntConc でも検索が可能です。また，このコーパスの概要と使用法および研究事例を紹介した和泉他（2004）にはコーパスと分析ツールを収録した CD-ROM が同梱されています。

7.4　学習者コーパスから分かること
7.4.1　学習者のデータを観察してみる

　英語教師として教える対象である「英語」そのものへの理解，そして教える相手である「学習者」の学習プロセスに対する理解はとても重要です。ここでは特に後者の学習プロセスの理解に関して，学習者コーパスから分かることを考えてみましょう。英語学習者のできることやつまずきに対する理解には彼らの英語のアウトプットの観察が欠かせません。学習者英語を観察するアプローチについては，大別すると「仮説検証型」と「探索型」の2つがあります。

　仮説検証型とは次の段階をふむ観察アプローチです。

(a) 学習者の英語表現のある特徴に焦点を絞り，指導経験をふまえ，その表現の習得状況に関する仮説を事前に立てる。
(b) タグ付きコーパス（または自分でタグを付与したコーパス）など，仮説を検証しやすいコーパスを準備する。
(c) 調べたい表現の頻度や使用傾向について，ワードリスト，単語連鎖リスト，コンコーダンスなどを通して仮説を検証する。

一方，探索型とは次の段階をふむ観察アプローチです。

(a) 探索目的に合った比較的大規模な学習者コーパスを準備する。
(b) 探索作業に指導経験で得た知見を持ち込まないで，探索したい英語表現をきっかけに，ワードリスト，単語連鎖リスト，コンコーダンスなどを通して自然と見えてくる表現を自由に観察していく。

仮説検証型は，仮説が事前にあるため，何をどこまで調べるべきかが明確で，データの英語表現も解釈しやすいと言えます。しかしながら，その分析や解釈がその仮説に縛られることは否めません。一方，探索型は，学習者の英語表現の新たな特徴を発見できるので興味深いのですが，調査の意義や作業の能率が問題となります。なお仮説検証型と探索型のこの２つのアプローチは，学習者コーパスを活用する時だけでなく，広くコーパスに基づく分析をする際に心がけておくべきことです。

7.4.2 観察する際に大切にしたい視点

実際にデータの英語表現を観察する場合，仮説検証型で観察し始めても，興味や関心が膨らめば瞬時に探索型になることがよくあります。重要なのは，どちらのアプローチで観察し始めるにせよ，それぞれの目的を見失わないことです。２つのアプローチのうち，特に目的を見失いやすいのが探索型です。そこで，(1) コロケーション，(2) 品詞連鎖，(3) 意味的な好み，(4) 肯定的・否定的などの含み，の４つの視点から観察すると効果

```
1.      So I have to eat healthy and low caroly food.
2.      food, like Kyo, high costed and low costed.
3.             I have rice with low egg in every morning.
4.                      They are low fat.
5.              But computer is very low money.
6.      I could buy a good watch in low place that I have expected.
7.          and then we sold them in low price.
```

図3　low のコンコーダンス

的です。

　例えば，JEFLL Corpus で low のコロケーションを調べてみると，図3 のようなコンコーダンスに出会います。次に，low とその直後の語句との「品詞連鎖」を見ると，形容詞＋名詞（句）と副詞＋形容詞の2パターンあることに気づきます。さらにそれらの語句を別の角度から観察すると，calory food, fat, costed, money, price など，＜健康＞や＜お金＞に関する表現を意味的に好むことが確認できます。最後に，＜低い＞という否定的な含みを持つ形容詞 low に，カロリー，値段，脂肪分，など＜良くない＞否定的な含みの表現をあえて重ね，全体として肯定的な含みを学習者が滲ませていることにも気づきます。このように，探索型であっても4つの視点を大切にすれば，興味深い用例に出会えるようになります。

7.4.3　間違いやすい文法エラーのチェック

　特に日本人英語学習者の中高生の英作文を観察できる JEFLL Corpus を利用し，生徒が間違いやすい文法エラーをチェックする例を紹介します。以下 JEFLL Corpus のいくつかの機能を前提に説明します。各機能については第8章を参照して下さい。

冠詞に関するエラーのチェック

　生徒の英語の発話を聞いた経験から「a money といった不定冠詞の誤りが中学生に多い」と仮説を立てることとします。そこでまず，a money

```
1.           I will bring a money first.
2.           I will bring a money first.
3.           I will bring a money first  because money can
4.      but I will bring a money first.
5.   I can't life without in a money.
6.   [JP: だから, ] I like a money.
7.           Give me a money…
8.      he had to set a money.
```

図4　a money のコンコーダンス（高校1年生の場合）

を語句検索 (8.2.1) してみると，44 件が確認できます。次にサブコーパス機能 (8.3.2) を使って a money の用例を学年別に比較すると，この誤りは予想に反して高校 1 年生 (S1) で多く見られることが分かります（仮説検証）。このことから，名詞の可算・不可算の区別は高学年になってもエラーとして残りやすいということが分かります（図 4 参照）。

語彙選択に関するエラーのチェック

英作文を添削した経験から「go to there といった場所を表す副詞（句）の誤りが中学生に多く見られる」と仮説を立てることとします。そこでまず，go to there を検索してみます（[基本形で検索] にチェックを入れる）。すると，30 件見つかり，同じ間違いを他の生徒もしていることが確認できます（図 5 参照）。次にサブコーパス機能を使って go to there の用例を学年別に比較すると，この誤りは中学校 3 年生 (J3) で多く見られる

```
1.           But, he can't go to there.
2.           So I couldn't go to there.
3.   I am looking forward to going to there.
4.   was very shocked and he went to there again.
5.                I went to there and play with my cousin.
```

図5　go to there のコンコーダンス（中学 3 年生の場合）

ことが分かります（仮説検証）。

文型や動詞パターンに関するエラーのチェック

英作文の指導経験から「＜モノ＞を主語にした London has a fabulous selection of restaurants. という構文は高校生でも使い慣れていない」という仮説を立てることとします。そこでまず，サブコーパス機能を使って高校生のみのデータに絞り込みます。その上で have をキーワードに品詞検索機能（基本形のスロットに have を入力し，品詞を動詞に限定；8.2.2）を使って検索してみると，6,394 件の用例を確認することができます。ソート機能（8.2.1）を使って左ソートを実行し主語の意味的な好みを確認してみると，＜モノ＞を主語にした形にも慣れていることが確認できます（仮説検証）。

さらに探索的に have, has, had それぞれの連語傾向を確認するために，品詞検索機能（今度は表記形のスロットに have, has, had をそれぞれ入力し品詞を動詞に限定）と語句集計機能（8.2.1）で単語連鎖の傾向を確認してみます（表1）。その際，have の左側2語目（-2）までの範囲で語句集計をとります。

表1 have, has, had の3語連鎖（高校生3学年全体の場合）

	have	has	had
1	do n't have 388 (15.25%)	school festival has 103 (25.37%)	our class had 139 (10.44%)
2	I usually have 276 (10.85%)	our school has 21 (5.17%)	, I had 105 (7.88%)
3	, I have 149 (5.86%)	and it has 11 (2.71%)	because I had 41 (3.08%)
4	if I have 122 (4.80%)	, it has 9 (2.22%)	, we had 38 (2.85%)
5	I always have 82 (3.22%)	because it has 9 (2.22%)	if I had 32 (2.40%)

表1の集計結果から，have は，I usually have といった語句で＜ヒト＞を主語に使われやすいことが分かります。また，don't といった否定形，if といった接続詞とともに使われる傾向にも気づきます。一方 has と had では，school festival has, our school has, our class had など＜モノ＞を主語に使えていることが分かります。
　この例では良い意味で仮説が外れたわけですが，has や had が school や festival と一緒に使われている用例が多いことから，特定のトピック（ここでは学園祭）に影響を受けている傾向が読み取れます。このような場合は，検証結果をあまり一般化し過ぎないことが大切となります。

英語にしにくい日本語のチェック

　英会話の授業で「どの学年でも I like までは言えるのに＜何を＞の部分で英語が浮かんでこず，日本語に頼りやすい」と仮説を立てることとします。
　まず，I like のコンコーダンスを作成し，右側をソート機能でそろえます。すると，図6のように [JP] タグが続くコンコーダンスが得られ，日本語に頼っている状況が確認できます（仮説検証）。
　次に，探索的に後続の名詞句の意味の好みを確認するため [JP] タグの意味内容を観察すると，＜モノ＞や＜コト＞に関する語彙に乏しいようです。そのため，例えば，中学生に I like… と「自分の好みを表現する」課

1. I like **[JP:asagohan]**.
2. I like **[JP:asobu_koto]**.
4. I like **[JP:chiikama]**.
5. I like **[JP:danshikou]** festival, too .
6. I like **[JP:dobutsu]** and [JP:saikuringu] very much.
7. I like **[JP:doressingu]** very much .
8. I like **[JP:eiga]**.

図6　I like の右側ソートしたコンコーダンスの [JP] タグ付きの例

題を与えると，生徒は食事や娯楽について語りたがり，単語が分からないと日本語に頼りやすいと予想できます。このように，生徒の苦手な語彙の意味的な好みを確認できれば，プリントなどでそれらを事前に補うことができるでしょう。

7.5 おわりに

　学習者コーパスが英語教育に貢献できる点は，以下4点にまとめられます。(1) 学習者の習熟している英語表現とその特徴を明らかにできること，(2) 学習者の未習熟な英語表現とその特徴を明らかにできること，(3) 習熟度レベルを決める言語特徴を英語表現の形で明らかにできること，(4) 習熟度レベル別の言語特徴を基に英語教育の幅広い分野（カリキュラム，シラバス，辞書，教材，指導目標，評価規準など）に貢献できること。

　かつては学習者コーパスは英語母語話者コーパスに比べ，規模，種類，数ともに乏しかったのですが，近年，書き言葉を中心に様々な学習者コーパスが公開され，利用環境の幅は広がってきていますし，その研究成果も着実に増えつつあります。今後の英語教育への貢献が大いに期待されます。

第8章　JEFLL Corpus の使用法

8.1　はじめに

　本章では JEFLL (Japanese EFL Learner) Corpus の操作方法を紹介しながら，それぞれの機能を教育現場でいかに活かすことができるかを示します。JEFLL Corpus とは，日本の中高生による自由英作文を約 67 万語集めたコーパスで，オンライン上で無償で公開されています（詳細は 7.3.1 を参照）。このコーパスを活用することで，日本の中高生がどのように英語を身につけていくのか，その過程を具体的に知ることができます。また先生方が担当する生徒の英作文とこのデータを比較すれば，担当生徒の英語力の水準をつかむことができるでしょう。さらに，コーパス中のデータを体系的に集めれば，教材を作成することもできます。

8.2　JEFLL Corpus の主要な機能

　JEFLL Corpus のウェブサイト (http://scn.jkn21.com/~jefll03/) にアクセスし，[JEFLL Corpus を利用される方はここをクリック！] をクリックして下さい。そうすると，検索画面（図 1）が表示されます。まず左の 4 つのメニュー [語（句）検索]，[品詞検索]，[共起検索]，[単語リスト]

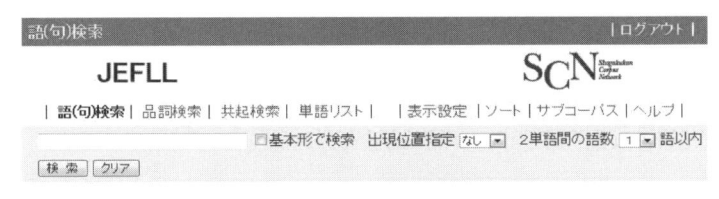

図 1　JEFLL 検索画面

と右の［ソート］で何ができるか説明します．次に右の残りの［表示設定］と［サブコーパス］の働きを説明した後，データの保存方法を示します．

8.2.1 語句検索

　語句検索は指定した語や句を含む文を検索するための機能です．語や句が文中でどのように使われているかを調べるときに使います．ここでは図1に示されている表記形検索，基本形で検索，出現位置指定，2単語間の語数の検索手法を take を例として見ていくことにします．

　表記形検索では，入力した語や句の形で検索します．take を指定し，［検索］ボタンをクリックすると結果画面（図2）が示されます．画面の上部に take の総件数（粗頻度）が約 67 万語中 1638，100 万語における調整頻度が 2447.40 と表示されています．サブコーパス同士の頻度を比較するときには，この調整頻度を参照します．検索結果は，KWIC コンコーダンス形式で示されます．

　コンコーダンスライン中の [JP] タグは，どうしても英語が出てこず日本語を使用した箇所を示しています．この日本語を使用した部分が，学年が上がるにつれて，どのように変わるかを確認するのも面白いでしょう．

　次に語句は take のままで，［基本形で検索］をチェックし，検索をかけてみて下さい．そうすれば，take の動詞の活用形（take, takes, took, taken, taking）を検索できます．さらに関連する文法的エラー（˟takeing, ˟taked など）を知ることもできます（次ページ図3）．検索結果はファイルの配列順に並べられています．ソート機能を用いると，同じもの同士が上下に並び，語の使用の規則性，すなわちパターンが見えてきます．

```
検索語(句): 表記形: take
総件数:1638 (2447.40 / 1M語)  採用:1638  サブコーパス指定: 無  <<  <  1 / 66  >  >>  1  ページへ

1 00012                              In the morning , I ca n't take a lot of breakfast because I wake up so slow .
2 00291                                             So I take money from bank .
3 00394                                             But I do n't take a lot of money .
4 00394                             [JP:sarani] I take money [JP:no_hotondo_ha_chokin_shita] .
5 00545                                             Then I take the train .
```

図 2　JEFLL 結果画面（take の事例）

図3　JEFLL 結果画面 (take, 基本形の事例)

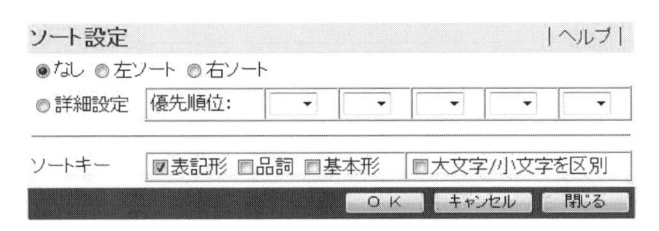

図4　ソート設定画面

　ソート機能を使うにはまず上部右に位置する［ソート］をクリックして下さい。次にソート設定画面 (図4) で，［詳細設定］をチェックし，第1優先順位を0とすると，検索対象語（中心語とも呼びます）を優先してソートが行われます。take 以外にどのような語形が使われているか見るために，右上部に66と入力し［ページへ］をクリックして下さい。66ページにジャンプした画面に˟takedが並んでいます。ページを順に繰っていくと，taken, takes, taking, ˟takeing, took の使用例を見ることができます。

　次に第2優先順位を+1，つまり右1語目とすると，主として take の目的語の部分をもとにアルファベット順に並び替えることができます。目的語の部分の多くは冠詞 (a, an, the)，または決定詞 (e.g. my, his, her, this, that) をとることが多いため，あまり明確に分類できないかもしれません。その場合，第3優先順位を+2とすると，具体的な名詞順となり，より見やすくなるでしょう。

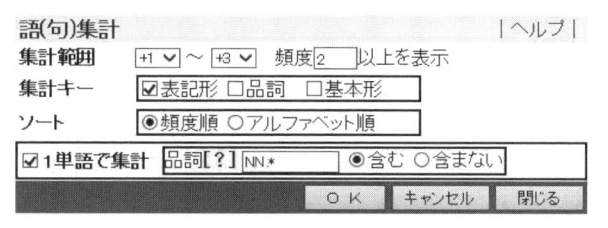

図5　語句集計設定画面

　また目的語に使われている名詞を一括で集計することも可能です。上部右に位置する［語（句）集計］をクリックして下さい。図5が表示されます。この画面で［集計範囲］を+1から+3つまり右1語目から3語目にして，［1単語で集計］にチェックをいれ，名詞の品詞タグ（NN*）を入力します。そうすると，take の右1語目から3語目の範囲で，part, money, time, picture(s), bankbook などの名詞，つまり目的語が抽出されます。

　次に［出現位置指定］を［文頭］に設定すれば，take で始まる文，すなわち Take 〜という命令文を抽出することができます。新たな検索を行う際には，［なし］に戻すことを忘れないで下さい。

　［2単語間の語数］では，take out, take（　）out, take（　）（　）out などのような句動詞を抽出することができます。検索語句は take * out として，* の語数を1語以内とすると，take out, take them out が抽出できます。* の語数を2語以内とすると，1語以内の結果に付け加えて take my dog out も抽出することができるという仕組みです。

8.2.2　品詞検索

　品詞検索は綴りが同じで，複数の品詞を持つ語を検索するための機能です。この機能を使って不規則過去の誤りを確認することにします。take という動詞には ˣtaked という誤りがあることをみました。このような規則動詞のルールを不規則動詞にも当てはめてしまう誤りを「過剰（一）般化」と呼びます。それではこのような過剰般化のエラーはどの程度見られるか，調べてみましょう。

take には名詞もあるので，品詞を VVD（一般動詞過去形）に設定して，検索します（図6）。JEFLL Corpus は英国ランカスター大学が開発した CLAWS4 という自動品詞タグ付与プログラムによって1語1語に品詞タグが付与されています。品詞タグは種類が多いので，初心者には複雑でとても覚えられません。このウェブサイトでは，[?] をクリックし，指定したい品詞を選択すれば自動的にタグが入力されるようになっています。また検索結果は上で見てきたように，デフォルトではコーパス内の出現順で示されるため，[ソート]（図4）で，中心語（0），右1語（+1）に設定し並び替えて下さい。

結果（図7）を見ると，309例中12例が ˟taked という誤りであることが判明します。つまり ˟taked の誤り率は3.8% です。同様の手法で，give, make, break について確認したところ，それぞれ，˟gived（2.3%），˟maked（3.5%），˟breaked（1.4%）という結果が確認できました。これは多くの中高の先生にとっては，予想より低い数字ではないでしょうか。JEFLL

図6　品詞検索画面

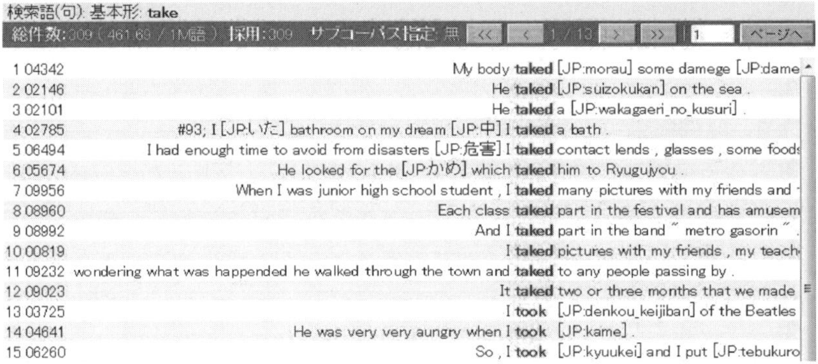

図7　品詞検索結果画面（take）

Corpus の編纂代表者である投野 (2007) によれば，学力困難校からは協力を得にくいため，データ提供先の学力は比較的高いとのことです。具体的には 8 割程度は「高」学力と分類されています (詳細は上掲書，p. 8 参照)。このデータの偏りは考慮すべきですが，take などの不規則動詞に規則的過去のルール (-ed 付加) を過剰般化するエラー (×taked) は，中学生，高校生という初学者でもあまり多くはみられないことが分かります。よって，指導を適切に行えば，これらのエラーは中高生からでも根絶することが可能なものと言えるでしょう。

8.2.3 共起検索

take には，take pictures (写真を撮る) というフレーズがあり，中学校の初期段階に出てきます。picture を「絵」という意味でとらえると，draw (描く) という動詞が通常用いられます。しかし，「カク」という日本語の同音異義語の影響をうけて，write (書く) の誤用 (×write a picture) が時にみうけられます。では中学 1 年生から高校 3 年生まで，picture という名詞に用いる動詞は正しく使えているのでしょうか。このようにある語と語の習慣的な結びつき，すなわちコロケーションの使いこなしをチェックする時に役立つ機能が共起検索です。

［共起検索］をクリックし，［中心語］を picture，［中心語の品詞］を普通名詞 (NN.)，そして［基本形で検索］にチェックを入れて下さい。これにより普通名詞の picture の単数形，複数形の両方 (picture/pictures) を一度に抽出します。次に［共起語の設定］を［共起頻度］でソート，［品詞設定］を一般動詞 (VV.*) として下さい (図 8 参照)。なお，［共起語の設定］で共起度合い，つまり中心語との結びつきの度合いを示す統計指標も

図 8　共起検索画面

選択できます。

　図9の結果を見てみましょう。最も左の欄に中心語の左5語から1語までの動詞の全頻度をまとめたものが示されています。この上位部分から，take picture(s) はおおむね正しく使用されていると予測してよいでしょう。しかし，少数ながら make picture(s) という学校文法上，あまり推奨されないもの，˟drow picture(s) というスペルミス，予想していた˟write picture(s) の誤用が確認できます。語をクリックするとコンコーダンス画面にジャンプし，そこから中心語をクリックすると，前後の文脈とファイル情報を見ることができます。make pictures はいずれも文化祭で絵を「作る」という意味で使用されています（例：To make a big picture was very fun.）。それゆえ，「写真を撮る」は順調に習得されるようですが，「絵を描く」の方には指導上の注意が必要と言えそうです。

Rank	-5..-1		-5		-4		-3		-2		-1		0	1	
1	take	119	bring	8	take	14	take	9	take	58	take	37	picture 569	take	4
2	bring	76	go	2	bring	10	bring	8	bring	28	bring	22		house	2
3	see	13	make	9	like	4	like	5	see	6	draw	9		make	2
4	draw	12	think	2	show	3	make	4	get	3	make	5		call	1
5	like	12	want	2	want	3	look	3	hold	3	drow	4		get	1
6	make	12	band	1	hope	2	want	3	carry	2	show	4		leave	1
7	show	9	become	1	see	2	find	2	draw	2	see	2		like	1
8	want	9	come	1	think	2	see	2	like	2	collect	2		mean	1
9	look	8	cook	1	dicide	1	show	2	look	2	display	2		paint	1
10	drow	6	happen	1	draw	1	buy	1	need	2	look	2		untill	1
11	think	6	he'lp	1	eat	1	carry	1	remember	2	watch	2			
12	get	5	help	1	get	1	decide	1	save	2	choose	1			
13	hold	5	play	1	hold	1	drow	1	watch	2	drour	1			
14	go	4	pose	1	look	1	get	1	write	2	hold	1			
15	watch	4	remember	1	need	1	go	1	borrow	1	like	1			
16	write	4	remember	1	search	1	going	1	buy	1	love	1			
17	carry	3	save	1	secound	1	help	1	display	1	paint	1			
18	display	3	take	1	thogh	1	paint	1	drow	1	somw	1			
19	find	3			tr		practice	1	find	1	think	1			
20	need	3					print	1	finish	1	vr				

図9　共起検索画面結果（トップ20まで表示）

8.2.4　単語リスト

今までみてきたように，少数ですが，take には誤表記が確認されました。その正しい表記，誤った表記の総数を一括して示すことが，単語リストという機能でできます。

［単語］の欄に take を入力して［検索］ボタンをクリックすると（図10），JEFLL Corpus 内の関連した派生形，および品詞別の使用頻度を集計した結果を表示してくれます（図 11）。なお，表の行頭にある▲をクリックすると，その欄をキーとして結果を並べ替えることができます。

この結果を確認する限り，本節で取り扱ってきた綴り字のエラーは長続きするものではなく，その内に消え去るものと考えてよさそうです。なお，took, ×taked を合計すると過去形の例が 314 例であり，上掲の結果（図 7）の 309 例と数字が合わないのは，本来過去分詞で用いられるべきところで 5 回 took が誤用されており（e.g. ×I have took ...），過去分詞のタグ（VVN）が付与されているためです。

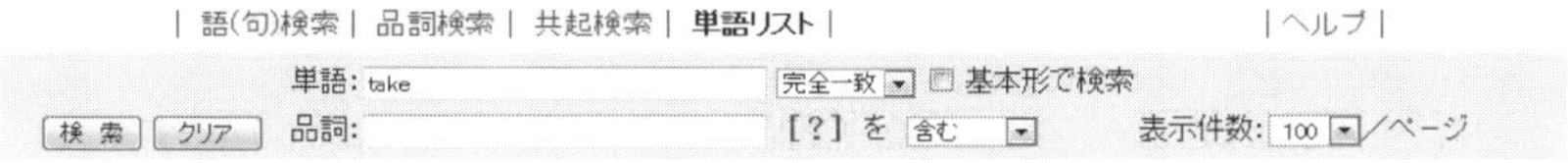

図 10　単語リスト画面

閉じる	件数	1	表記形	take (完全一致)

No.	基本形▲▼	基本形合計▲▼	表記形▲▼	表記形合計▲▼	品詞別頻度					
1	take	2179	take	1638	VVI	1245	VVB	386	NN1	7
			took	302	VVD	297	VVN	5		
			takes	91	VVZ	91				
			taking	68	VVG	68				
			taken	65	VVN	65				
			taked	12	VVD	12				
			takeing	3	VVG	3				

図 11　単語リスト，検索結果

8.3 JEFLL Corpus の補助的機能

今まで，語（句）検索，品詞検索，共起検索，単語リストの基本的な利用方法を実例とともに紹介してきました。以下では，これらの利用法を補助する機能である表示設定，サブコーパス，ダウンロードの利用法について簡単に説明します。

8.3.1 表示設定

語句，品詞，共起検索における検索結果の表示方法を変更することができます（図12）。使用するディスプレイの画面幅，および検索用途に応じて変更するとコンコーダンスラインなどの結果が読みやすくなります。なお，デフォルトは図12の通りです。

図12　表示設定画面

8.3.2 サブコーパス

語句，品詞検索において，JEFLL Corpus 内の特定のサブコーパスを選んで検索することができます。例えば，学力が中程度（mid）の公立校（public）に属する高校1年生（s1）の書いた論説文のジャンル（argumentative）のテクストのみに限定して，接続語句（例：because, as, since, for）の使用例などを確認することができます（次ページ図13）。こうして彼らの論理的文章能力を調べることができるでしょう。

しかしJEFLL Corpus の真骨頂は，各学年別の経年的な英語力の変遷を捉えられることです。このサブコーパス選択機能を用いれば，例えば中1，高1，高3のデータを比較することで，どのように対象語の使用が変わりゆくのかを調べることができます。

図13 サブコーパス設定画面

8.3.3 ダウンロード

語句，品詞，共起検索の検索結果は全て自身の PC に保存し，各自の目的に合わせてデータの加工を行うことができます．それぞれの結果画面の上部の［ダウンロード］をクリックし結果を保存して下さい．

またこのコーパスからの誤りを集めて，それらの英文を学習者に提示することは大変興味深い学習活動になるでしょう．例えば，中高生に典型的な誤りを抽出し，学習者に提示し，ペアワークなどで訂正させるような活動が考えられます．このような活動は「同じ中高生の作文」という意味で，生徒達に身近である上に，発見学習であるが故に，言語の仕組みへの意識を高め，観察する態度を身につけさせることが期待できるでしょう．

8.4 おわりに

本章では，JEFLL Corpus の教育現場での利用法のガイダンスをできるだけ分かり易く行いました．先生方は，生徒の英作文のエラーをみるたびに「高校生なのにまだこんな間違いが…」とただ嘆かれてはいないでしょうか．その前にこの JEFLL Corpus に一度相談してみて下さい．これは筆者がぜひとも勧めたい使用方法の1つです．JEFLL Corpus で同様のエラーの発生率を確認してみて下さい．そうすると，中学生段階でほぼ根絶できるエラーなのか，中学生段階を超え，高校生においても確認されるものなのか，ある程度分かることでしょう．その情報は，現場での指導において，その時点で重点的に指導すべきエラーか，言語習得上かなりしつこいエラーなので軽く指摘するに留めるか，ないしはいっそのこと無

視するかなど，指導の軽重の判断材料となることでしょう。なお，投野 (2007) では JEFLL Corpus に基づき品詞，構文，語彙別に学習者の発達過程を分析しています。

　今後求められるべきは，科学的な情報に基づく英語教育です。ぜひとも教育現場で，JEFLL Corpus という共有財産を利用することを勧めたいと思います。

第9章　学習者コーパスを利用したチャンクの指導

9.1　はじめに

　英語母語話者は I want to や It's really など，熟語や構文ほど定型的ではない語群をチャンクとしてよく使うと言われています。専門的には lexical bundle と呼ばれます (17.2.3)。一方，生徒はどのような英語のチャンクをどの程度まで使えているのでしょうか。また，教師は具体的にどのようなタイプのチャンクをどのレベルまで生徒が習得できるように指導すべきでしょうか。これらの疑問に答えるために，本章では，まず，学習者コーパスを利用して生徒が使えるチャンクの実情を探索した例を紹介します。次に，CEFR レベルが記載されている語彙集 English Vocabulary Profile (EVP) を参照し，生徒が目指すべきチャンクを吟味します (CEFR については 17.2.1)。最後に，チャンクの指導例を指導目標別に提案します。

9.2　生徒が使えるチャンク

　まず，日本の英語教育で大切にされてきた 5 文型のそれぞれ代表的な動詞に注目します (次ページ表1)。そして，それらの動詞を軸に生徒がどのようなチャンクにどの程度習熟しているかを，中高生の書き言葉学習者コーパス JEFLL Corpus を通して確認してみます。

9.2.1　生徒が使えるチャンクを探る

　手順として，JEFLL Corpus を使って 5 文型の代表的な動詞を検索語に指定し，それぞれの KWIC コンコーダンスを表示させます (次ページ図1)。次に語句集計機能 (8.2.1) を使って文型の傾向が見やすいように，代

表1　5文型と代表的な動詞

	文　型	代表的な動詞	用　例
1.	SV	go	I'll go to London.
2.	SVC	be	She is lovely!
3.	SVO	have	I have a book about her life.
4.	SVOO	give	I'll give her a ring.
5.	SVOC	make	That makes me very angry.

＊用例は BNCweb から典型的なものを選定。

```
                          He was      very shocked .
                Urashima Taro was     very shocked .
                Urashima Taro was     very shocked .
                Urashima Taro was     very shocked .
                Urashima Taro was     very shocked .
                     Otohime was      very shocked .
                Urashima Taro was     very shocked .
                Urashima Taro was     very shocked .
                Urashima Taro was     very shocked again .
                          It is       very short [JP:劇] .
                          It 's       very short .
                          I am        very shout .
als name is [JP:geijutu_happyou_kai] It 's  very simpel name because that means we sh
               bikas in morning I 'm  very sleepy then i drink only millk .
                    The island is     very small .
/e [JP:sukii_no_ita,_sutokku] , but They are  very small .
```

図1　be のコンコーダンス（中1の場合）

検索	表記形	基本形	単語間の語数	出現位置指定
語(句)検索	-	be	-	なし
サブコーパス	指定有り			

集計範囲	1単語で集計	集計品詞
-1 ～ +2	OFF	-

#	頻度	%	語句
1	29	1.04	taro was very shocked
2	26	0.93	i 'm going to
3	21	0.75	it is my dream
4	19	0.68	i 'm very happy
5	18	0.64	it 's my dream

図2　be を軸とする4語連鎖の語句集計結果（中1の場合）

表的な動詞を軸とする4語連鎖（左1語から右2語の範囲）の頻度とその特徴を確認します（前ページ図2）。

中学生の4語連鎖の調査結果で、各文型に関するチャンクの頻度1位をまとめると表2のようになります。

表2　JEFLL Corpus に見られる中学生の4語連鎖（頻度1位のみ）

	中1 頻度　チャンク	中2 頻度　チャンク	中3 頻度　チャンク
1. go	7　I go to the (2.27%)	25　I went to the (2.53%)	16　he went to the (2.61%)
2. be	29　Taro was very shocked (1.04%)	27　that was a way (0.91%)	18　I'm going to (0.61%)
3. have	41　usually have bread and (4.62%)	86　usually have bread and (3.18%)	45　usually have bread and (2.15%)
4. give	該当なし (0.00%)	3　please give me a (1.46%)	2　I give you a 2　mother gives me bread 2　was given a [jp:tamatebako] (1.79%)
5. make	該当なし (0.00%)	7　we made it very (1.48%)	4　n't make us fat (1.20%)

＊（　）内の％は各学年の該当の動詞総数における各チャンク数の割合を示す。
＊ give up など句動詞は除外。

同様に、高校生の4語連鎖の調査結果で、各文型に関するチャンクの頻度1位をまとめると表3（次ページ）のようになります。

go, be, have に比べると give, make のチャンクの出現頻度は多くありません。breakfast（朝食のトピック）、Taro（浦島太郎の話）などのトピックに依存する単語に注意する必要はありますが、大まかに go では I went to..., he went to... のパターンが用いられており、have も have bread

表3　JEFLL Corpus に見られる高校生の4語連鎖（頻度1位のみ）

	高1 頻度	高1 チャンク	高2 頻度	高2 チャンク	高3 頻度	高3 チャンク
1. go	11	I went to the (3.41%)	25	I went to the (2.34%)	16	he went to the (3.26%)
2. be	26	breakfast is very important (0.87%)	35	there is a big (1.18%)	10	Taro was very shocked (0.34%)
3. have	41	usually have bread and (2.79%)	86	I had a bad (0.88%)	45	usually have bread and (1.21.%)
4. give	2 2 2 2	breakfast gave me power Otohime-sama gave him tamatebako she gave me a you give me the (1.71%)	2 2	she gave him a to give me some (0.90%)	2	breakfast give me a (1.01%)
5. make	5	it makes me happy (0.96%)	7	we made it very (0.43%)	4	I make it a (0.56%)

(for breakfast) のような「（朝食に）食べる」という連鎖が多くみられます。一方，使用頻度が多い be 動詞の場合には，breakfast is very important のような「主語＋be 動詞＋形容詞」のパターンや，there is 構文，Taro was shocked のような形容詞（または受動態）構文のように多様な形式がみられます。

　ここではチャンクの頻度1位のみに注目していますが，生徒は他にも様々なチャンクを実際には使えています（図2）。

9.2.2　授業に活かす工夫

　次に，表2および表3の頻度2以上のチャンクに注目します。そして，トピックの影響を取り除くために，比較的自由に変えられる主語，目的語，

補語の名詞（句），形容詞（句）などの部分にそれぞれ［名］，［形］といったラベルを付けてみます。すると，図3や図4のように部分的に抽象化したチャンクになります。

```
1. go      [名] + go to the, [名] + went to the
2. be      [名] + was very + [形], [名] + was a + [名], I'm going to
3. have    usually have + [名] + and
4. give    please give me a, [名] + give(s) + me/you + (a)
5. make    [名] + made it (very), n't make + [名] + [形]
```

図3　JEFLL Corpus に見られる中学生のチャンク

```
1. go      [名] + went to the
2. be      [名] + is very + [形], there is a + [形], [名] + was very + [形]
3. have    usually have + [名] + and, I had a bad
4. give    [名] + give/gave + me/him + a/the/some
5. make    [名] + makes me + [形], [名] + made it very/a
```

図4　JEFLL Corpus に見られる高校生のチャンク

今度は，図3と図4のチャンクからさらに抽象化して文型で考えてみます。生徒はSV，SVC，SVOといった単純な文型を多用する傾向が伺えます。また，主軸の動詞に冠詞aやthe，数詞some，副詞very，前置詞toやto不定詞のtoなどを加えて1つのチャンクとして使っていることも分かります。時制の観点では，現在と過去，品詞の観点では，名詞，動詞，形容詞を中心に使おうとしている傾向も読み取れます。中高生の英会話や英作文で比較的よく見られる生徒のチャンクの特徴ではないでしょうか。

一方，トピックの影響もありますが，giveやmakeのチャンクとその頻度を見る限り，学年が上がっても4文型や5文型が十分使いこなせていません。これらの文型は実際のコミュニケーション活動ではよく使われますので，学習者の習熟度を見て繰り返し指導していくことが必要でしょう。

ここでは5文型の代表的な動詞を1つずつ採り上げ，動詞を軸とする4語連鎖のチャンクを確認しました。これは生徒の英語表現の一側面に過ぎません。そのため，生徒のチャンクの全体像を明らかにするためには，様々な角度から学習者コーパスを調べる必要があります。

9.2.3　JEFLL Corpus 利用上の留意点

JEFLL Corpus は学年別のデータであるため，各生徒の学習背景や英語への習熟度まで厳密に確認できません。したがって，JEFLL Corpus の学年別データから生徒の習熟度を見る場合は，やや大まかに傾向をつかむことが大切となります。

JEFLL Corpus の検索結果は，日本人英語学習者という点では同じですが，あくまでいろいろな学校のサンプルを総合的に見た結果です。たとえコーパスから共通部分が読み取れたとしても，日々接している生徒を常に新鮮な目で観察し，生徒の英語力や到達目標に応じてチャンクの指導を現実的に行っていくことが重要なことは言うまでもありません。

9.3　生徒が目指すべきチャンク

今度は，どのようなチャンクをどの程度まで指導すべきか，生徒が目指すべきチャンクを習熟度別に探ってみます。その際，English Vocabulary Profile (EVP) という語彙集を利用します。

9.3.1　English Vocabulary Profile (EVP)

EVP は English Profile（公式サイト http://www.englishprofile.org/）のリソースの1つとして開発された CEFR レベル (17.2.1) を表示した基本語彙集です。EVP は，*Cambridge Advanced Learner's Dictionary* (CALD) の見出し語項目に対して，主に Cambridge Learner Corpus (CLC) という学習者コーパスに当該単語とその用法が出現するかどうかでレベルを貼り付けたものです。通例の語彙集とは異なり，学習者が知っておくべき英語ではなく，学習者が実際に使えている英語を基に作成されています。

インターフェースは辞書のようになっていますので，英英辞典と同じように英語の語義や用例を確認することができます（図5）。また，同じ語でも語義や用法別に CEFR レベル（A1，A2，B1，B2，C1，C2 の6レベル）も確認できます。さらに，所々に学習者の英語の実例が示されており，国籍や習熟度別に共通点や相違点を読み取ることも可能です。

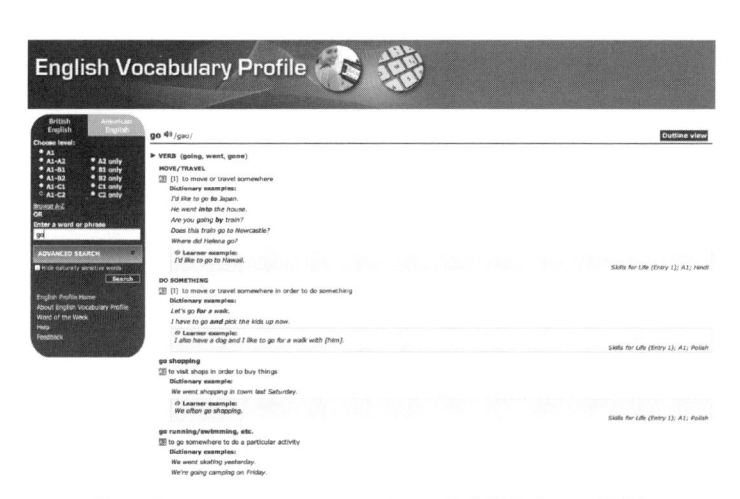

図5　English Vocabulary Profile の検索結果（go の場合）

9.3.2　生徒が目指すべきチャンクを探る

まず，図3と図4の日本の中高生が習熟しているチャンクの CEFR レベルを EVP で確認します。次に中高生が目指すべきチャンクとして CEFR レベル B2 までのチャンクを EVP で探ります。

C レベルの表現は，総じて，句動詞，比喩表現，熟語など，表現としての難易度も高く，アカデミックな場面やビジネスの場面で使用されるものが多くなるため，ここでは割愛することにします。

go の場合

JEFLL Corpus を観察したところ，go を軸としたチャンクとしては，

中学生の場合，［名］+ **go to the**，［名］+ **went to the** を，高校生の場合，［名］+ **went to the**，といったチャンクが比較的使えています。EVP でこれに近いものとして，A1 の用例に I'd like to **go to** Japan. や He **went into the** house. が見られます。また，A2 の用例には，**I'm going to** call her tonight. も見られます。JEFLL Corpus で改めて確認すると，**I'm going to** といったチャンクはどの学年でもよく使えています。このことから，日本の中高生は A1-A2 レベルの go の表現が習得できていると判断できます。

B レベルで特徴的な用例を探ってみると，次のような用例が確認できます。

  B1 When I turned around, the man **had gone**.
    He **went bald** in his twenties.
    This road **goes to** Birmingham.

  B2 **The day went** very quickly.
    …and she **went bright red**.
    It goes without saying that smoking is harmful.

B レベルから **This road goes to** Birmingham. や **The day went** very quickly. など＜モノ＞や＜コト＞が主語の表現が増え，構文では **He went bald** など SVC の用法，熟語では **It goes without saying that** など文法概念が複数絡んだ熟語表現も見られます。

中高生としては，まず A レベルまでの基本的な用法をしっかり表現できるよう目指し，文法概念が複雑に絡む B レベルの表現については，生徒の習熟度を考えながら到達目標を考えていくことになるでしょう。

be の場合

JEFLL Corpus を観察したところ，be を軸としたチャンクとしては，中学生の場合，［名］+ **was very** +［形］，［名］+ **was a** +［名］，**I'm going** to を，高校生の場合，[名] + **is very** + [形]，**there is a** + [形] といったチャンクが比較的使えています。EVP でこれに近いものとして，A1 の Her house **isn't very big**. や **There's a shop** at the end of the road. が見られます。また，**I'm going to** は，先述のように go の A2 の用法にあります。このことから，中高生は be に関しても A1–A2 レベルは習得できていると判断できます。

A2 レベルで他の特徴的な用例を探ってみると，次の文法的な用例が確認できます。

> A2　I'**m** still eat**ing**.
> 　　This dessert **is made from** eggs, sugar, and cream.
> 　　**I've been to** Mexico.

be の A2 レベルの用例を見ると，進行形，受動態，現在完了形など，基本的な文法概念が be の助動詞用法と絡んでいます。さらに過去や未来などの時制と複雑に絡む高校レベルの用例も確認できます。このように，基本的な文法概念が定着できていないと A2 レベルとは言えないようです。be は他の動詞や様々な文法概念と絡むことが多く誤りも犯しやすいので，その意味でも中高生の段階で確実に習得させたい表現が多いと言えます。

have の場合

JEFLL Corpus を観察したところ，have を軸としたチャンクとしては，中学生の場合，**usually have** + [名] + **and** を，高校生の場合，**I had a bad** といったチャンクが比較的使えています。EVP でこれに近いものとして，A1 の **I had** prawns **and** rice for lunch. や A2 の **We had a great time** in Venice. などが見られます。このことから，中高生は have に関しても A1–A2 レベルは習得できていると判断できます。また，A2 レベルの have の他の用例を見ると，高校生レベルでは一般動詞の have だけ

でなく，現在完了（進行）形に使われる助動詞の have も現れています。

Bレベルの特徴的な用例を探ってみると，次のような例を確認できます。

B1 "Where's Serge?" "**I've no idea.**"
She **had her car stolen** last week.

B2 **Could I have a word (with you) about** the sales figures?
He made his own decision – I **had nothing to do with** it.

B1 レベルになると，**I've no idea.** など抽象名詞を目的語にとる表現や，She **had her car stolen** last week. の使役用法が見られます。B2 レベルでは，**have a word about** や **had nothing to do with** など，have の多義性を生かした熟語が増えてきます。これらの表現の幅の広さや複雑さを考えると，生徒はまず have の B1 までの基本的な表現を確実にし，B2 レベル以上は高校生以上が必要に応じて目指すべき表現と言えそうです。

give の場合

JEFLL Corpus を観察したところ，give を軸としたチャンクとしては，中学生の場合，**please give me a**，［名］＋ **give(s)** ＋ **me/you** ＋ **(a)**，高校生の場合，［名］＋ **give/gave** ＋ **me/him** ＋ **a/the/some** といったチャンクが使えています。ただし頻度は高くありません。EVP でこれに近いものとして，A1 の Her parents **gave her a car** for her birthday. や A2 の Can you **give me that pen**? が見られます。日本の中高生にとっては give に関して A1-A2 の表現がまだ十分使い切れていないので，このレベルの表現をしっかりと定着させる必要があります。

Bレベルの特徴的な用例を探ってみると，次のような例を確認できます。

B1 We didn't really **give him a chance to** explain.
He **gave her a kiss** on the cheek.
The sudden noise **gave me quite a shock**.

give の習熟度レベルは，目的語に何がくるかによって決まります。同じ第4文型でも give の目的語に抽象名詞がきて to 不定詞を伴う場合 (e.g. give him a chance to) や熟語の場合になるとレベルが上がるようです。B レベルの熟語は，生徒の習熟度を見ながら高校生以上で表現できるように目指す方が良いでしょう。

make の場合

JEFLL Corpus を観察したところ，make を軸としたチャンクとしては，中学生の場合，［名］+ **made it very** や **n't make**+［名］+［形］を，高校生の場合，［名］+ **makes me**+［形］や［名］+ **made it very/a** といったチャンクが使えています。ただし，give と同様に頻度は高くありません。

EVP の A1–A2 レベルでは第3文型を基本とした make の表現が多く見られます。一方，第5文型は，B1 This heat **makes me very tired**. や B1 It **makes me so angry**. など，B1 レベルでやっと近い用例が見つかります。

B レベルで特徴的な用例を探ってみると，次のような例が確認できます。

B1　He really **makes me laugh**.
　　 What made you change your mind?

B2　**To make matters worse**, our car broke down!

そこで make では，B1 レベルの第5文型の型をまず定着させ，そこから使役用法の習得につないでいく必要があります。その上で，指導している生徒の習熟度を確認しながら，高校以上で B レベルの熟語を表現できるよう指導していく方が良いでしょう。

9.3.3　English Vocabulary Profile (EVP) 利用上の留意点

EVP の CEFR レベルは，様々な国籍や背景を持つ第2言語（または外

国語）学習者の Cambridge Exam における英作文タスクを参考に決められています。そのため，厳密には日本人英語学習者のデータのみに基づくものではありません。そこで，CEFR レベルを参照する際には，第 2 言語（または外国語）学習者という大きな枠組みで特徴を把握することが重要となります。

　生徒が使えているチャンクと同じチャンクを EVP の中から見つけることは難しい場合があります。あるいは，語義別に習熟度を確認する際，日本の教科書の導入レベルに比べて，EVP のレベル表示に違和感を覚える場合も出てきます（例えば，have の B1 の用例 **I have no idea.** など）。その場合，参照した情報と目の前の生徒のチャンクを観察しつつ，教師側で指導経験を活かし生徒の習熟度レベルを総合的に判断する必要があります。

　1 つの英語表現だけでレベルを断定しないことも大切です。生徒が使っている英語表現を複数見ながら様々な角度から習熟度を確認していく柔軟な姿勢が必要となります。

9.4　チャンクの指導法を探る

　チャンクの指導法を考えてみることにします。どのチャンクにどのように触れさせ定着させるべきかを指導目標別に示していきます。

9.4.1　A2 レベルのチャンクを定着させる

　例えば，**I've been to** Australia. のような A2 レベルのチャンクがまだ十分使えず，**I went to** Australia. との使い分けができない中学生の場合を考えてみます。

① 基礎練習

　Have you ever been to...? という表現を 1 つのチャンクとしてとらえ，相手の経験を尋ねる役割練習でチャンクに慣れさせていきます。

A: **Have you ever been to** Switzerland?
B: Yes, I have. / No, I haven't.
(Yes. **I have been to** Switzerland / No. **I have never been to** Switzerland.)

② 自己表現練習

　Switzerland の部分を Kyoto や Kiyomizu Temple など，場所を身近な例に入れ替えて実際に相手の経験を尋ねる練習をうながすと，**Have you ever been to** というチャンクを自分の経験と絡めつつ，何回も聞き何回も使う場面を作ることができます。また応え方も Yes. **I have been to** Switzerland. や No. **I have never been to** Switzerland. など，チャンクの形で様々な応え方を示すと，関連のチャンクも練習できるでしょう。

③ コミュニケーション活動

　高校では，以下のような英語母語話者の用例を参考にすると，会話の流れの中で複数のチャンクを使い分ける練習ができます。また，**You have been to** や **I have been to** などのチャンクや No? などの応答に含まれる話し手の意図を考えつつ対話練習をすると，実際のコミュニケーション活動に近い対話にも挑戦できます。

A: **You have been to** Italy? **I have been to** Italy. **I went** there last year with my uncle. But **I'm afraid I did not go to** the opera.
B: No?

　さらに，B の No? 以外の返事を考え表現させたり，No? の後に一言添えるようにと指示すれば，より自由な活動へ誘うこともできます。

9.4.2　B1 レベルのチャンクを使いこなす

　例えば，A2 レベルの Can you **give me that pen**? のように具体的な＜モノ＞を目的語に表現できても，B1 レベルの The sudden noise **gave** me quite a shock. など＜コト＞を目的語に使えない高校生の場合を考えてみます。

① 基礎練習

まず第4文型が比較的定着している生徒に対して，図6のコンコーダンスを示します。

次に **give you** が1つのチャンクであることを伝え，後にどのような意味の単語がきているのかを考えさせ，＜モノ＞にも種類や意味の傾向があることに気づかせます。

---

1. well what you do is they **give you** a sheet of paper and
2. 　　　　　　　　　　　　 I'll **give you** a sheet of paper to copy
3. 　　　　　　　　　　I did not **give you** a shock.
4. 　　　　The total sum might **give you** a shock but will also help you to be
5. 　　　　　　　I've been asked to **give you** a short ten minutes or so
6. Electricity Boards will also **give you** a short visual report on
7. 　　　　　　　　　　　　 ah , I'll **give you** a shout.
8. 　　　　　　Alright mate well I'll **give you** a shout.

図6　give you のコンコーダンス（BNC*web* から抜粋）

② 自己表現練習

基礎練習で養った感覚を生かし，具体的な例から抽象的な考え，そして「手伝う」といった比喩表現までを，目的語を替えつつ練習します。Let me give you など少し拡張したチャンクも同時に練習するようにします。

いくつか例を紹介しましょう。　　Let me **give you** a few examples.
もっといい考えがあるよ。　　　　I can **give you** a better idea.
待って。手伝うよ。　　　　　　　Hang on. I'll **give you** a hand.

③ コミュニケーション活動

高校の場合であれば，I'm pretty busy every day. と言う相手に，「give を使って思いやりの一言をかけてあげましょう」，と相手をいたわる練習をうながすことができるでしょう。例えば，生徒から，I want to **give you a little help** but... や I wish I could help you and **give you a little comfort**. といった表現が出てくれば，練習の効果があったと言えます。

9.4.3 B2 レベルのチャンクの語感をつかむ

例えば，make it simple や finds it difficult のような B1 レベルのチャンクがまだ定着していない高校生の場合を考えてみます。

① 基礎練習

SVOC の特に VOC の感覚をつかませるために，数多くの用例を視覚的に目に焼き付けることができれば良いでしょう。新聞の見出しや広告は効果的です。英文が短めでピリっとしたキャッチフレーズを含んでいることが多いので，特徴的なチャンクの感覚をつかむ際には格好の教材となります。時に，図7のようにコンコーダンスに近いものも見つかります。

広告デザイナーの意図を考えながら，**Make it** で始まる様々なキャッチフレーズ（Make it fast. / Make it strong. / Make it big. など）の意味とその効果を **Make it** ＋［形］の表現に絞って確認していきます。

図7　空港内の広告

② 自己表現練習

広告デザイナーになりきり，空港を歩く人を想像しながら，**Make it +[形]**のチャンクを使って **Make it** dramatic. など新しいキャッチコピーを作るようにうながすことができます。さらに，空港を駅や学校など違う場所の写真に入れ替えるだけで，同じような表現練習が可能です。場面やその役割を想像する力やチャンクを意識し新たな表現を創造する力が求められるので，生徒にとっては少し頭をひねる活動になるでしょう。

③ コミュニケーション活動

高校レベルでは，**Make it +[形]**の発展形で定型表現になっている B2 レベル表現 **To make matters worse** を使って自由に表現する活動が考えられます。例えば，It is a bitter blow to the Tokyo's tourists and **to make matters worse**, に続けて，「東京の観光客にとってさらに災難だったこと」を自由に考え表現するようにうながすことができます。また，**To make it better**, に続けて，状況を改善する対策を英語で提案させることもできるでしょう。

9.5 おわりに

チャンクの指導は，指導目標と関連付けながらワークシートの形で導入すると効果的でしょう。またチャンク単体で覚えさせるだけでなく，それを授業内の他の活動に先生自身が classroom English として使う，複数のチャンクを盛り込んでコミュニケーション活動を行えるように設計するなどの工夫で，定着を図ることも大切です。

チャンクを指導する際の用例に関しても，生徒の反応や説明した経験などをふまえて，用例の教育的意義，用例の並べ方や位置付けの適切さ，各用例の習熟度レベルの適切さ，などを吟味することが大切となります。

効果的だと感じたチャンクとその用例は，用例バンクとして電子的に保管しておくと便利です。例えば，ワークシートに番号やキーワードを添えて，CEFR レベル，表現，文法項目などで分類し，整理しておくと，必

要なときに再利用できます。時間がない場合は，各シートを1つのファイルにまとめて蓄積しておけば，シート内の用例の英語を頼りに後で検索することもできます。

　今後，学習者コーパス研究の進展により，辞書や参考書の習熟度レベルの情報は一層充実されていくでしょう。一方で，記載情報を批判的に吟味し，生徒のチャンクを観察し，チャンクの指導法を探る姿勢もさらに重要になってくるでしょう。

第10章　学習者コーパスを使った事例研究

10.1　はじめに

　本章では，学習者コーパスを使った事例研究を紹介します。学習者コーパスを利用することで，学習者が使用したことばの特徴や傾向を観察できるようになります。学習者コーパスの分析にはいくつかの種類があり，例えば，ある1つの学習者コーパスだけを分析して，どのような傾向があるかを観察する場合もあれば，2つ以上のコーパスを比較して学習者の特徴をより明確にとらえようとする場合もあります。2つ以上のコーパスというのは，英語母語話者のコーパスと，学習者のコーパスを比較することで，母語話者だけがよく使う表現，また，学習者だけがよく使う表現などを見つけることができるようになります。本章では，こうした事例研究を紹介します。

10.2　海外での事例研究
10.2.1　強意の副詞と形容詞のコロケーション

　Granger (1998) では，強調の副詞と形容詞のコロケーション（例：highly significant, fully reliable）について，英語母語話者と学習者が使うコロケーションにどのような違いがあるのかを調査しています。ちなみに，この時使用されたコーパスは，ICLE (The International Corpus of Learner English) と呼ばれる学習者コーパスです。この ICLE には，日本を含めた16カ国の学習者が書いた作文のデータが収められています (7.3.1)。

　この研究では，ICLE の中からフランス人の英語学習者のコーパスを英

語母語話者コーパスと比較し，その結果として，強調の副詞については，学習者の方が母語話者よりも全体的に使用されることが少ないということが明らかにされました。具体的には，completely, totally, highly のうち，completely と totally については母語話者に比べて学習者が多く使用していること，highly の使用だけが少ないということも分かりました。このように単語によって学習者が多く使うもの，少なく使うものが存在する理由として，学習者が話す母語の影響が大きいのではないかと考えられています。つまり，学習者は英語を使う際に母語の知識を手がかりにしていて，母語にも英語と同じような形や意味を持った単語があれば数多く使うことができ，逆に，ある英単語が母語とはまったく異なる形であったり，意味に馴染みがないものであったりすると，多く使うことはなくなるというわけです。

　上記の知見をふまえて，教師としてどのような指導をしたらよいのでしょうか。まずは，副詞そのものがたくさん存在することを知らせる必要があるでしょう。日本人の学習者コーパスを観察した場合でも，使用される副詞には，very や much などのごく一部の副詞に限られています。表現を豊かにするためには，一部の副詞に偏ってしまうことのないよう，それぞれの形容詞には相性のいい副詞が存在することをまず生徒に意識させることが重要です。

　一方教える側は，*Oxford Collocations Dictionary* などのコロケーション辞典や COCA (http://corpus.byu.edu/coca/) といった大規模コーパスを検索できるサイトを利用すれば，ALT に頼らなくても生徒の書いた英語を添削することができます。図1（次ページ）は，COCA を使って different の直前に来る副詞を検索した結果です（【DISPLAY】LIST → ［WORD(S)］different → ［COLLOCATES］［1］-［0］ → ［POS LIST］adv.ALL：操作方法について詳しくは第4章を参照）。この検索結果から，生徒が英作文で very different を使っていたら，very が基本だが，quite や completely, entirely, totally などもよく使われることを自信を持って示すことができます。

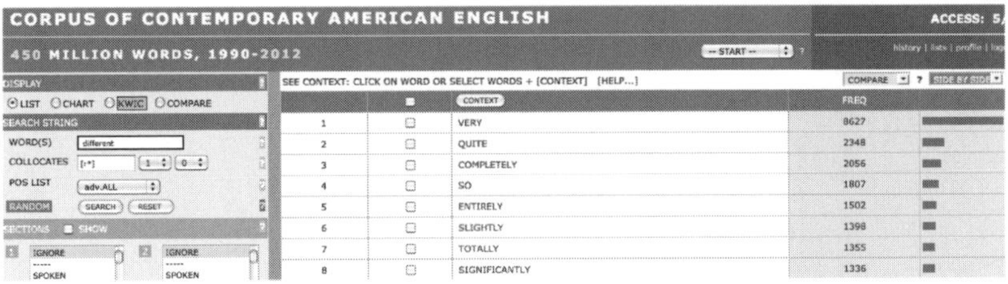

図1　COCAで different の直前に来る副詞を検索した結果

10.2.2　話し言葉におけるチャンク

De Cock et al. (1998) は，フランス語を母語とする上級レベルの英語学習者の話し言葉コーパスと，英語母語話者の話し言葉コーパスを比較して，学習者がどのようなチャンクを使っているかを分析しています。

この研究では，インタビューを行って録音したデータを分析しています。まず，2語から5語でなるチャンクの頻度を調べた結果，母語話者も学習者も同じような頻度でチャンクを使用していることが分かりました。さらに，2語からなる表現 (it was, you know, I mean, I think など) に絞って詳しく調べた結果，母語話者と共通する表現と共通しない表現，つまり，一方のコーパスにしか現れない表現があることが明らかになりました。具体的には，母語話者が you know を高頻度で用いる一方で，学習者はあまり使用しないこと，また，母語話者が in fact をほとんど使わないのに対し，学習者は多用していることが調査から分かってきました (次ページ表1を参照)。こうした結果をふまえると，習熟度が上級レベルにある学習者であっても，使用するチャンクが母語話者と異なっており，この要因として，De Cock 氏らは，母語と英語との違いによる影響や指導不足などを挙げています。このように使用される表現の差が不自然さを生む要因になっていると考えられ，また，教師としてこの差を埋めるような指導が求められていると言えるでしょう。

表1を見ると，確かに母語話者では you know や I mean を使う頻度が学習者よりも多くなっています。これらの表現は，つなぎ言葉 (filler) と

表1 学習者・母語話者それぞれが好むチャンクの頻度

チャンク	母語話者	学習者
you know	284	74
sort of	278	27
I mean	222	81
and then	140	110
in fact	3	157
and er	52	262

呼ばれるものですが，学習者はあまり使えないようです。一方で，表1の1番下にある and er については，母語話者はさほど使わないものの，学習者は頻繁に使っています。

　つなぎ言葉というのは，もちろん1文ごとに使うほどの多用は相手によい印象を与えませんから積極的に使うことは避けるべきなのですが，学習者であれば，まったくよどみなく話を続けるということはできませんから使わざるを得ない場面もあるはずです。日本人が日本語を使う時であっても，「えー」や「あのー」などを話に混ぜることはよくあることですし，ましてや英語という外国語であれば，会話に詰まってしまうのは当然とも言えます。しかしながら，一般的な教科書では，つなぎ言葉がさほど重要視されていないようで，会話例を見てみても，何らよどみなく，実にスムーズに進んでいます。会話に詰まった時，沈黙せずにどう対処したらよいか，どのようなつなぎ言葉を使えばよいかについての指導があってもよいのではないでしょうか。とはいえ，教科書の中身がすぐに変わるわけではないので，例えば，映画情報のデータベースとしてさまざまな情報を利用できる IMDB (http://www.imdb.com/) にアクセスすると，映画のセリフの一部（検索メニューに Quotes というセクションがあります）を検索することができるので，そこから映画の1場面のセリフを切り出して，どのような場面で you know などのつなぎ言葉が使われているかを指導することができます。コーパスの知見を活かし，つなぎ言葉の使用について

学ぶことでより実用的な英語に関する指導ができるようになります。

10.2.3　書き言葉における助動詞の使用傾向の比較

　Aijmer (2002) は，英語母語話者のコーパスと，スウェーデン語，フランス語，ドイツ語を母語とする英語学習者がどのように助動詞を使っているのかを分析しました。スウェーデン母語話者との比較結果のみを表2に示しますが，canやcouldなど一部の表現では，母語話者と同程度の頻度で使用されていたものがあるものの，全体的な使用傾向としては，学習者は助動詞を過剰使用していることが分かりました。この結果の特徴的なところは，書き言葉において助動詞を多用してしまうと，書き手の主張などをあいまいにしてしまうため，良い文章とは評価されないおそれがありますが，学習者は話をするかのように助動詞を織り交ぜて文を書いているという点です。

　書き言葉といっても，個人的な経験を述べるものや，何かを調べてその結果をまとめたものなど，さまざまな種類がありますから，助動詞を使っ

表2　スウェーデン人学習者と母語話者による助動詞使用の比較

表現	学習者	母語話者
will（または 'll）	224	138
can	198	192
would	169	125
could	72	66
must	67	30
have (got) to	132	41
should	130	55
may	51	35
might	67	8
ought to	10	3
shall	5	2
合計	1,125	695

てはいけないというほどの制約はありません。しかしながら、日本の中高生が、英作文を課される入試を受ける、あるいは、大学で英語の勉強を続けるという場合、いわゆる学術的な英作文（academic writing）をすることが必要になってきます。こうした作文では、何らかの事実に基づいて客観的な記述をすることが求められますから、文脈・意図によっては助動詞を多用しないように気をつける必要があることを指導する必要があります。

今回紹介した Aijmar (2002) の研究結果から、学習者には、まず、話し言葉と書き言葉という状況に応じた言葉の使い分けが英語でも必要になることを指導することを忘れないようにしたいものです。文章の内容や種類によっては、特に、事実に基づいて意見や主張を述べる文章については、助動詞の使用をできるだけ控えるべきであることを、英作文の課題を課している大学入試の過去問題などを利用しながら指導するとよいと思います。

以上紹介した一連の研究から、学習者も母語話者もある決まった特定の表現を多用していることが分かりました。しかしながら、使っている表現の頻度や種類は異なっていました。異なる要因として考えられるのは、英語の話し言葉や母語の知識が影響しているのではないかということでした。教師として気をつけていきたいこととして、話し言葉と書き言葉を区別させるようにすること、また、母語の知識を安易に英語の特定の語と一対一で対応させずに、コロケーションというより大きな単位で学ばせることなどが挙げられるでしょう。

10.3 国内での事例研究

一昔前までは、海外での事例研究が多かったのですが、最近では、日本人英語学習者のコーパスが利用できるようになり、日本人英語学習者がどのような表現をよく使っているのかを観察することもできるようになってきました。本節では、日本人英語学習者を対象にした事例研究を紹介します。

10.3.1　学習者による because の使用傾向

　小林 (2009) は，日本人英語学習者の作文データで構成されるコーパスを使用して，接続詞の習得過程を明らかにしようとしました。接続表現は，文章を書き進める上で，その論理展開を担う重要な役割を果たしていますが，学習者が実際にどのように使用しているのかはよく分かっていなかったため，母語話者コーパスとの比較を通して，どのような使用傾向があるかを分析しました。具体的には，接続詞の because に焦点を当て，(1) 学年が上がるにつれて because の頻度や使われる位置がどう変化するか，(2) 学年が上がるにつれて because で始まる断片文 (because のみで文が完結するもの) がどのように変化するか，(3) 誤りの要因には何があるかを調べています。

　使用したデータは，日本人中高生の作文データを集めた JEFLL Corpus と，日本人大学生のデータを集めた ICLE-JP の 2 種類を使っています。JEFLL Corpus の概要については 7.3.1 で，操作方法については第 8 章で述べられていますが，特筆すべきは，中学 1 年から高校 3 年までのデータが利用できる点です。このコーパスを使うと，学習を続ける年月の経過の各段階で，どのような表現を習得していくことができるようになるか，あるいは，年月を経ても十分に習得できない表現には何があるかといったことがデータに基づいて分析できます。

　コーパス分析の結果から，学年が低いほど，because を過剰に使用していること，さらに，使用する位置は文頭が多く，そのほとんどが断片文になっていることが分かりました。さらに，この文頭で使用された断片文 (実例：Because I get up late.) は，中学生，高校生，大学生のデータいずれにおいても高い割合で使用されており，学習者が文頭で because を使った場合，その多くは断片文を用いた誤りであったという事実が明らかになりました。

　小林 (2009) はこうした誤りが生じた要因として 3 点を挙げています。1 つは，母語の影響です。日本語母語話者は日本語で「なぜなら夏が好きだからです。」という表現が使えるために，それを英語にそのまま訳して

Because I like summer. としてしまいがちです。しかし，英語において Because I like summer. という表現は，夏が好きだという要因で何が結果として生じたのかを述べることが求められるために，少なくとも書き言葉においては誤りとされます。このように学習者は母語の知識を頼りにして英語表現を産出するために，このような誤りが生じるのだろうと小林 (2009) は述べています。2つ目に，文体の混在を挙げており，書き言葉と話し言葉の違いを十分に理解していないために，Because I like summer. のような話し言葉では通じてしまう表現を書き言葉においてもそのまま書いてしまうのではないかと推測しています。3つ目に教材の影響を挙げ，中学校で使用されている教科書4冊のデータを分析し，because の使用頻度が低いこと，さらに，使われているのも会話文でその半数以上が why 〜? に対する応答文となっていることを示しています。学習者は，学習の初期段階から，こうした会話重視のインプットを受けることにより，接続語句としての because の用法を十分に習得できていないと述べています。

　この事例研究から言えることは，接続詞の使用については，基本的な用法をより慎重に指導すべきだということです。会話重視の指導に偏りすぎてしまうと，接続詞の基本的な用法をおろそかにしてしまうおそれがあり，それがこの事例研究のような結果につながっていると考えられます。ここでは紹介していませんが，他の事例研究においても，書き言葉において And や But を文頭で多く使用するという報告がなされています。接続詞で始まるような文が会話では使えても，書き言葉ではそのまま同じように使えるわけではないこと，そして，接続詞はあるひとつの文と，もうひとつの文を文字通り接続する機能があるという指導を強化すべきだと言えるでしょう。

10.3.2　n-gram を用いたチャンクの抽出

　阪上・古泉 (2008) の調査では，学習者コーパス NICE (比較用の母語話者コーパスも含む) と，大規模な英語母語話者コーパスである ANC (American National Corpus) および BNC (British National Corpus) と

いう4種類のコーパスから n-gram と呼ばれる機械的に切り出されたチャンクを抽出して，どのような違いがみられるのかを調べています．なお，「n-gram」とは，任意の語数 (n) で切り出した単位のことであり，n には数値が入りますが，切り出す単位は，言語研究の場合，1単語を1として n-gram 表現を抽出することが多くなります．例えば，NICE の中に Also it is important to enjoy playing sports.（JPN199.txt から得られたデータ）という文が含まれていますが，この文から bigram（2語表現）と trigram（3語表現）を切り出すと，図2と図3のようになります．

冒頭で述べたように，n-gram 抽出という手法は機械的に単語を切り出していますから，図2や図3でも見られるように，意味としてまとまりのあるものもあれば (playing sports)，まとまりのないもの (Also it) も含まれています．ちなみに，n-gram 表現を抽出する作業は簡単にできます．

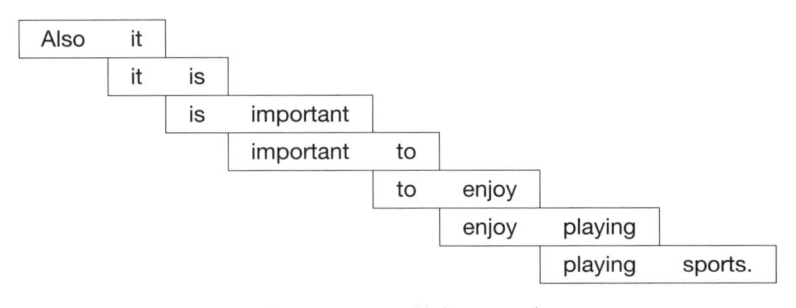

図2 bigram の抽出イメージ

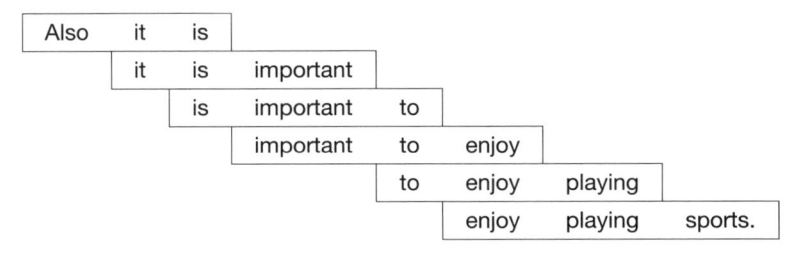

図3 trigram の抽出イメージ

AntConc や CasualConc などのコンコーダンサーでも作成する機能が用意されています。AntConc による n-gram 表現の抽出については 12.3.2 を参照して下さい。

　分析の結果から，4 種類のコーパスから抽出された表現の特徴が見えてきました。まず，学習者データでは，I think や It is といった 2 語表現が多く見られ，主語が I や It で文を始めることが多く，さらに，4 語以上の表現を観察すると，テーマに直接関係するような単語を含んだ表現（school education など）を多用していることが分かりました。次に，母語話者データから得られた表現を観察すると，of the や in the など前置詞句の一部が高頻度で使用されていることが分かりました。なお，この傾向は，BNC から 2 語表現を抽出した際にも見られるものです。さらに，各コーパス間の表現を比較した結果として，全体的には，I am，I think that など，1 人称を主語とし，自分の考えを述べるための表現が多く現れる点で共通していました。3 種の母語話者コーパスでは，on the basis of や on the other hand などの前置詞句のチャンクや，a number of，the rest of the，one of the most など数を表す表現が多く現れていました。

　この調査結果から，学習者は，1 人称を主語として話を始める傾向が強く，さらに，前置詞句や数を示すチャンクを十分に産出できないという弱点を抱えていると言えそうです。それでは，この事例研究の結果をふまえて，我々教師は何に注意して指導をしていくべきでしょうか。

　まず，主語として I や It を多用してしまうことは，母語である日本語であっても同様に，相手に対してしつこい印象を与えてしまうことを理解させるのがよいでしょう。その上で，その回避手段のひとつとして，学習者はあまり慣れていないであろう無生物主語構文の使用を促すように，例文を数多く呈示することが必要になるでしょう。

　続いて，前置詞句や数を示すチャンクの使用が少ない点に対しては，授業内に，こうした表現に特化した穴埋め問題や並び替え問題などの何らかのタスクを混ぜることで，日頃から前置詞句や数を示すチャンクに対する意識を維持・向上させるようにしたいものです。さらには，コロケーショ

ンの重要性を説くべく，n-gram 表現のリストを呈示しながら，前置詞などを単語で覚えたりするのではなく，複数の語でまとめて覚える方が効果的であることを指導するとよいでしょう。

10.3.3　学習者と母語話者の作文を区別する要因

　私たち教師は，経験的に，学習者と母語話者が書く英語をそれぞれ比較すると，何らかの差があることを知っています。コロケーションはその最たるものだと言えるでしょう。その他にも，一定時間で書ける・話せる語数が違ったり，使った表現の種類が違ったりすることで，結果的にそれらが学習者と母語話者の差となるわけです。では，実際にどのような項目が，学習者と母語話者を分ける要因となっているのでしょうか。その要因を探ろうとしたのが，Sugiura et al. (2007) の研究です。この研究では，ICLE のような従来の学習者コーパスにおいて，書き手の属性や環境面の条件統制が不十分なことを指摘し，書くテーマや書く時間などを制限した NICE を用いて，学習者と母語話者を分ける要因として何が関わっているのかを明らかにしようとしました。この時使用したのが，「判別分析」と呼ばれる手法です。判別分析は，その名からも推測できるように，あるものを別のものと区別する要因を特定する際に使われる統計手法です。

　NICE の学習者データには，学習者の習熟度の目安として，TOEIC や TOEFL のスコアが記録されています。上の研究では，その得点をもとにして上級・中級・初級レベルと分けておき，母語話者と学習者を分ける要因，また，学習者のレベルを分ける要因をそれぞれ調査しました。要因として挙げたのは，(1) 異なり語数 (type)，(2) 総語数 (token)，(3) タイプ・トークン比 (type-token ratio：以下「TTR」)，(4) 文の数，(5) 平均語長 (使われた単語の文字数)，(6) 平均文長 (1文あたりの単語数) の6点でした。なお，TTR という値は，総語数に対する異なり語数の比率を表した値で，用いられる語彙の豊富さを示す指標のひとつになっています。値が大きければ大きいほど，用いている単語の種類が豊富だということになります。これらの要因と TOEIC の得点の関係を統計的に調べて，どの要

因が影響しているかを分析しました。

　分析の結果，学習者と母語話者を判別する要因として，異なり語数と総語数が関わることが明らかになりました。また，上級レベルの学習者と母語話者を判別する要因として異なり語数，総語数，文の数が，中級レベルの学習者と母語話者を判別する要因として異なり語数，総語数，TTR が，最後に，初級レベルの学習者と母語話者を判別する要因としては異なり語数，総語数，平均文長，文の数が影響することが分かりました。さらに，異なるレベルの学習者を分ける要因を調べたところ，上級レベルと中級レベルを判別する要因，中級レベルと初級レベルを分ける要因，初級レベルと上級レベルを分ける要因それぞれにおいて，平均文長とタイプが影響するという結果が出ました。

　一連の結果から言えることは，学習者と母語話者を判別する場合でも，異なるレベルにある学習者を判別する際にも，「異なり語数」つまり使った単語の種類の数が大きく影響しているということです。英語母語話者による作文が学習者のお手本とすべきものであるとすれば，もちろん英文が文法的に正確であることなどの前提条件はあるものの，豊富な種類の単語を使用できれば，母語話者らしい英文が書けているというという判断が可能になるということです。見方を変えれば，初級レベルの学習者は，知っている語彙や構文の数が少なく，限られた語彙で短い英文を作ってしまうために，より上のレベルの学習者や母語話者との差が出てくるということになります。

　したがって，我々教師が学習者を指導する際には，類語辞典を引きながらさまざまな単語を使おうと試みるように指導するとともに，作文課題を与えて評価する際には，単語の種類の豊富さを基準にしてみることが有効だと考えられます。ただし，この研究では，語数や文の数などの数値化できる要因しか取り扱っていません。関係節などのより複雑な構文や内容の論理展開など，数値化しにくい部分の指導や評価については，教師個人の力が必要になってきます。

10.4 学習者コーパスを用いた調査の課題と留意点
10.4.1 データの規模

　母語話者コーパスは，億という単位でその規模を大きくすることも可能ですが，学習者コーパスの場合は簡単ではありません。上級レベルの学習者でない限り，学習者1人1人が書ける分量は決して多くはなく，数多くの学習者から少しずつデータを収集することになります。理想的には，何らかのプロジェクトとして複数の協力者を得てデータを集める方が効率的ですが，コスト面や人手による作業量などの課題があり，実現は難しいのが実情です。とはいえ，教師が担当している分のデータだけでも集めることができれば，小規模なものであっても，指導内容の改善には十分に役立つはずです。英作文などのデータはぜひ電子化し，コンコーダンサーなどを使って，学生へのフィードバックに活用するとよいでしょう。

10.4.2 意味や誤りの分析の難しさ

　分析で気をつけなければいけないのは，ソフトウェアで機械的に処理してしまうと，意味解釈がおろそかになってしまうことがあるということです。さきほどの n-gram を使ったチャンクの抽出がその一例ですし，さらには，同綴異義語の区別は機械的に処理する以上，簡単には区別ができません。最たる例として，助動詞が挙げられますが，will であれば，単純未来の will なのか，意思を表す will なのか，同じ単語であっても意味が異なる単語がコーパスには含まれているわけです。そして，何を調べたいかという目的によりますが，必要に応じて英文の意味解釈を行う必要は出てきますし，教師の担当する学生のデータを利用するのであれば，やはり教師自身が読解をする必要があります。

　さらに，学習者のデータには誤りが含まれていることも考慮しなければなりません。ある表現がたくさん使われていたといっても，その中にどれほどの誤りがあったのかを観察しなければ，本当に正しく使われていた表現を取り出すことはできません。やはり，機械的な処理のみで得られた数値だけを鵜呑みすることなく，教師自身が注意してデータを観察する必要

はあると言えるでしょう。

10.4.3 データ処理のための知識と技量

コーパスを分析するには，データとして何が書かれているかを理解するための言語に関する知識だけでなく，データを処理するための技術的な知識と技量の2つがあることが望ましいです。具体的には，第11章で紹介する「正規表現」を使った整形や置換は覚えておくと，データの整理や集計に役立つはずです。技術的な面は，ソフトウェアがいろいろと助けてくれるようになっていますので，使用傾向を把握する程度であれば，ソフトウェアに任せておけばよいのですが，数値データのみを信じ込むことのないように注意し，コーパスデータそのものを自らしっかり読み込むようにしましょう。

10.5 おわりに

学習者コーパスから分かることは多くあり，また同時に，分からないこともまた多く残っています。特に強調したいことは，母語話者だけでなく，学習者もまたそれなりのコロケーションを使っているということです。ただし，その量や種類などは，母語話者のものと異なっているために，結果として不自然な表現となっている事実が明らかとなったことも付け加えなくてはなりません。こうした事実が客観的な数値データとともに示されることから，コーパスの調査は有用な手段だと言えます。

実践編3
自作コーパス

第11章　コーパスの作成

11.1　はじめに

　第3章と第7章で紹介したように，様々なコーパスが公開され，利用可能になっています。しかしながら，既製のコーパスがたとえ汎用的なものであっても個人の使用目的に適しているとは限りません。教科書の語彙を分析したい，センター入試の語法問題の傾向を調べたい，自分が教えている生徒の習得過程を調べたい，特定の作家の語彙の使用傾向を調べたいなどということが目的の場合，自前でコーパスを用意する必要があります。そこで本章では，手元にある英語データをコーパス化する手順とその留意点を説明します。具体的には，生徒が書いた作文データを集めた学習者コーパスの作成と英語の教科書をコーパス化する方法を紹介します。

11.2　学習者コーパスの構築
11.2.1　構築時の留意点

　コーパスに必要な生徒の作文データを集める際，以下の3つの条件を考慮する必要があります。

(1) 作文テーマを統一するかどうか
(2) 辞書の使用を認めるかどうか
(3) 時間制限を設けるかどうか

　(1)のテーマ統一については，統一することで，使われる表現の傾向を把握しやすくなるという利点があります。一方，テーマを統一しなければ，

多用する表現を見つけにくくなる可能はありますが，その代わりに，多様な表現が得られる可能性が出てきます。コーパスからどのようなデータを得たいかによって決めることになります。

(2) の辞書使用の可否については，生徒が作文する時点で持っている知識を使ってどれほど書けるかを観察したいのであれば，辞書の使用は認めるべきではないでしょう。一方で，辞書を使って書くことは，文を書く上で自然な行為ですので，辞書を使ってでも書けないような表現には何があるかを観察することが目的になれば，辞書の使用を認めることになります。

(3) の時間制限については，授業内での作文活動となれば，時間はおおよそ統一されることになりますから，その限られた時間でどれほど書けるのか，または書くことができないのかという分析ができるようになります。一方，時間制限のない宿題として提出された作文も，コーパスデータとして利用することは可能ですが，辞書や検索したウェブサイトの文言をそのまま利用したりするなど，生徒の実態を把握するのに不向きなデータが集まるおそれがあります。前述した辞書使用の可否と同様に，自由に資料を見られる環境を与えても，語彙や文法など何らかの知識が十分でないために，書ける表現と書けない表現が明らかになると予想されますから，データとしての利用価値が全くないということはありません。とはいえ，やはり，生徒の実態を把握するために，他のコーパスとの比較を想定するのであれば，時間制限をもうける方がよいでしょう。

11.2.2　データの収集と保存

調査の目的に応じて，上記のような条件設定を行った上で生徒に作文をさせることになりますが，可能ならば，はじめから Microsoft Word のようなワープロソフトを利用すると，そのままコーパス用のデータとして取り込むことができ，コーパス構築の手間を減らすことができます。しかし，コンピュータを使えない環境のため生徒に紙に書かせざるを得ない場合には，テキストエディタなどを利用して書かれた内容を手作業によって電子化する必要が出てきます。手作業で入力する際に気をつけたいことは，

データの書式です。最も作業時の手間が少なくて済むのは，生徒が書いたものをそのまま写して入力することです。ただし，後述するように，文の数を求めたり，1つの英文にいくつの単語が使われているかを求めたりする場合など，さまざまな観点からデータを分析するのであれば，1行につき1文だけを入力する形式を取ることをおすすめします。

　データ化する際には，ワープロソフトなどのスペルチェック機能を利用するかどうかを検討しましょう。例えば，中学生であれば，英語学習の初期段階にあるために，辞書を見ないで英文を産出した場合，スペリングミスが多発することが予想されます。生徒がどのようなミスをしやすいのかという傾向を把握するのが目的であれば，書かれたものをそのまま入力することになりますが，スペリングミスをそのまま入力した場合，生徒が（スペリングは違えども）使用しようとしていた単語の傾向をとらえにくくなってしまう（各単語の頻度が低くなる）という欠点があります。したがって，スペリングミスを調べることが主な目的でなければ，入力時にあらかじめスペリングミスを修正する方が頻度などの集計を正確に行えるでしょう。

　入力したデータは，そのまま Word 文書（ファイルの拡張子は doc または docx）として保存するだけでなく，「サクラエディタ」（http://sakura-editor.sourceforge.net/）などのテキストエディタを使用して，テキストファイル（拡張子は txt）としても保存しましょう。AntConc などの検索用のソフトウェアを使う場合は，テキストファイルの状態でなければ検索できないからです。こうしたファイルを，生徒1人分の作文につき1つの

```
I was born in Hiroshima in 1990. ↵
Hiroshima is a beautiful city in Japan. ↵
There are some nice places to visit in Hiroshima. ↵
...................................................................... ↵
```

図1　std001.txt のサンプルデータ（1行につき1文の形式）

ファイルとして保存します。前ページの図1はstd001.txtというファイル名のサンプルです。

　文字データだけで構成されたテキストファイルの保存時に注意したいのが，文字コードと改行コードです。技術的な話になりますが，文字コードとは，文字や記号をコンピュータで扱うために文字や記号1つ1つに割り当てられた「背番号」のようなもので，具体的には，Shift-JISや現在の主流であるUTF-8といった文字コードがあります。また，改行コードには，「CR」(Carriage Return：行頭復帰) と「LF」(Line Feed：改行) の2種類が存在し，コンピュータのOSや使っているソフトウェアによって使われる改行コードが異なっています。ファイル保存時あるいはテキストエディタのメニューの中に，文字コードや改行コードを確認・設定できる項目が用意されていますので，文字コードはWindowsでもMac OS XでもUTF-8を指定し，改行コードは，Windows上で作業をするのであればCR+LF，Mac OS X上で作業するのであればLFの状態で保存して下さい。これらの指定を誤ると，いわゆる「文字化け」を起こしてファイルの中身が正しく表示されなかったり，適切に改行されずにデータの形式が崩れたりする問題が生じることがあります。

　ちなみに，学年ごと，あるいは作文のトピックごとで表現を集計し比較しようとすると，生徒ごとに作成したデータファイルを1つのファイルにまとめる必要が出てきます。そうした場合，WindowsならcopyコマンドMacまたはLinuxならばcatコマンドを実行することでファイルの連結を行うことができます。例えば，std001.txt, std002.txt, std003.txt, std004.txtという4つのテキストファイルを連結してstdall.txtという名前のファイルを作成する場合は，以下のような操作を行い，図2 (次ページ) の「コマンドプロンプト」を起動させます。キーボードの［Windows (またはStart)］キーを押し，プログラムとファイルの検索フィールドにカーソルがあることを確認して，cmdと入力し，Enterキーを押します。そこで以下のように入力します。

　　>copy std001.txt+std002.txt+std003.txt+std004.txt stdall.txt

図2　copyコマンドを実行してファイルを連結した画面

　Mac OS X の場合は［アプリケーション］→［ユーティリティ］から，「ターミナル」を起動して，以下のように入力します。
　　＞cat std*.txt＞stdall.txt
　copy コマンドの後ろに，連結したいファイルを＋の記号で書き連ね，最後に連結して新規に作成されるファイルの名前（stdall.txt）を指定します。cat コマンドの後ろに，std*.txt と入力してすべてのファイルを指定しておき（アスタリスクは「どんな文字が入っていてもよい」という条件指定をしている記号で，今の場合 001 から 004 を表しています），＞の記号の後に連結したファイルの名前（stdall.txt）を指定します。こうしてデータをひとつにまとめることで，個別のデータ分析でなく，学年やトピックなどでまとめたグループとしての傾向を把握するための分析ができるようになります。

11.2.3　形式のチェックとデータ修正
　データを保存したら，あらかじめ決めた形式できちんと保存できているかを確認し，必要に応じて整形する作業を行いましょう。前節にて，データは1行あたり1文だけを並べる形式が分析時に有効であることを述べましたが，よくあるデータ形式の不備は，不要な空行が含まれていることと，

1行に複数の文が含まれていることです．データの分量にもよりますが，できるだけ目視で各行を確認し，空行を見つけたら削除して行を詰めておき，1行に複数の文が記録されていたら，新しく改行を加えておきましょう．

11.3 教科書コーパスの構築
11.3.1 ファイル名の付け方

本節では教科書コーパスの構築手順を紹介します．前節のような学習者コーパスを構築する場合は，生徒にパソコン上で英文を直接タイプさせればこちらの構築の手間が省けました．教科書の場合，英語教員であれば出版社から教科書のテキストファイルをあらかじめ入手することができます．

ただし，元から用意されているそのようなテキストファイルは，学年別に1つのファイルとしてまとめられていることも多く，調査目的に応じてファイルをチャプター別などに分割し，それに応じてファイル名も変更する必要があります．AntConc などのコンコーダンサーでは，検索結果と同時にファイル名を表示する機能があり，ファイル名を一定の書式で統一しておけば検索時にデータの出典情報が分かるようになります．例えば，中学1年生用の *New Crown* の Lesson 5 であれば，「j_ncrown_0105.txt」のように「中学_教科書名_学年＋章.txt」とファイル名を付けます．このような処理を施しておくことで，検索結果がどの教科書のどの部分から抽出されたのかが一目で分かるようになります．また，lesson の冒頭にタイトルを <title>The Story of Sadako</title> のように記載し，ファイル名と該当する lesson の出典やジャンル情報などを Microsoft Excel などの表計算ソフトに保存しておけば，後に，その表を参照することでファイルの詳細が分かるようになります．

11.3.2 サンプリング

教科書のテキストファイルが出版社から入手できない場合，Windows

であればアクセサリ内の「メモ帳」や前述の「サクラエディタ」を使って手入力でテキストファイルを作成しましょう。またスキャナーとOCRソフトを使えば入力の手間を軽減することができます。ただし，電子化したテキストであっても著作権法で保護されており，基本的にファイル作成者個人にその利用が限定されている点に注意が必要です。

教科書コーパスのサンプリングでは次の3点を考慮する必要があります。

(1) どの学校課程の教科書からコーパスを構築するのか
(2) どの教科書からコーパスを構築するのか
(3) 教科書のどの部分からコーパスを構築するのか

まず (1) ですが，小学校英語教育が始まった現在では，小・中・高どの課程の教科書コーパスを構築するのかを初めに決めておく必要があります。仮に，高校の教科書をコーパス化したい場合，(i) 学年を問わず構築するのか，(ii) 学年ごとに構築するのか，(iii) ある学年のみを構築するのかなど，調査目的に応じてテキストを収集する対象が変わってきます。小学校から中学校，中学校から高校など，各課程の橋渡し的な調査が目的であれば，課程ごとにコーパスを構築してデータを比較すればよいでしょう。ただし，高校ではリーディングやライティングに特化した教科書もあることから，これらも含めるかどうかを構築の段階で考慮しておく必要があります。

次に (2) に関しては，できる限り多くの教科書を収集の対象とするのが理想です。しかしながら，個人的な調査の労力を考えるとサンプルとして発行部数（もしくは採択部数）が最も多い教科書のみに限定したり，採択順で上位の教科書の数冊をコーパス化する方法もあります。無作為にいくつかの教科書を選出する方法も考えられます。

最後に (3) ですが，人手や時間は無くても特定の教科書に偏らない教科書コーパスを構築したい場合，いくつかの教科書から奇数（もしくは偶数）

の章のみをコーパス化することでバランスのとれたコーパスを構築することができます。

11.3.3 テキストの入力

　テキストの入力とは，「紙面上の文字データをデジタル化する一連の作業」と言い換えることができます。教科書のテキストを電子化する方法には，(1) キーボードを用いた手入力か，(2) OCR (Optical Character Recognition) ソフトを用いた半自動的な文字の読み取りがあります。どちらの場合も，テキスト部分のみを収集対象とし，脚注に掲載された Notes 部分の単語やフレーズは対象外にしましょう。特に (1) の手入力の方法では，構築したいコーパスの大きさによっては膨大な時間がかかりますが，技術的な知識を必要とせず人手さえあれば時間もかかりません。

　一方，(2) の方法では，スキャナーと OCR ソフトが必要です。最近のプリンター複合機にはスキャナー機能が実装されています。スキャナーでテキスト部分を画像データとして取り込み，OCR ソフトを走らせると半自動的に文字を読み取ってくれます。この場合，OCR ソフトで文字を認識しやすいように，読み取りモードで「白黒（モノクロ）」を選択しましょう。解像度は高くすると精度も上がりますが，読み取り速度が遅くなるので，400 dpi に設定すると作業効率がいいでしょう。ただし，OCR ソフトを用いた文字情報の読み取りには，必ずと言っていいほど修正作業がともないます。画像の傾きなどを補正することで OCR ソフトの認識率は上がりますが，それでも 100％ではありません。そこで，認識結果を修正し，適宜テキストを整形する必要があります。

11.3.4 テキストの整形

　テキストの整形とは，テキストに含まれる特定の文字を異なる文字に換えたり，余分な文字列を削除するといった作業を指します。例えば，OCR ソフトの読み取りミスは，ソフトに実装されているスペルチェック機能を使って元の画像と照らし合わせながら修正することもできます。し

かし，テキストエディタの置換機能を活用すれば，取り込んだデータの書式を一括して簡単に整えることもできるのです。OCRソフトで読み取った文字データは，例えばmakeをniakeのようにm→niへと誤認識したものが多く，テキストエディタの置換機能で，［置換前］ボックスにni,［置換後］ボックスにmを入れて目視で確認しながら［置換］をクリックすれば，効率良く訂正することができます。

　テキストエディタを使った複雑な置換処理を行いたい場合には，正規表現の知識が不可欠となります。「正規表現」とは，通常の文字とメタキャラクタという特殊な意味や機能を持った記号を組み合わせることで，文字の並び方（パターン）をより効率的に表す表記法のことです。正規表現は，プログラミングの世界で使われることが多く，コーパスの検索においても有用なものです。例えば，haveを使った完了形を検索する場合，have beenの変化形としてhave，has，had，havingを検索対象に含める必要があります。このとき，正規表現を使ってこの4種類を表すと，「ha(ve|s|d|ving) been」となり，それぞれの変化形をひとつずつ検索することな

表1　基本的な正規表現の一覧

正規表現	意　味
x|y	xまたはy
(xyz)	文字列xyzをグループ化して一致させる
[xyz]	中に囲まれたx,y,zのどれか1文字に一致させる
x+	直前にある1文字の1回以上の繰り返しを表す
x*（アスタリスク）	直前にある文字の0回以上の繰り返しを表す
x?	直前の文字の0回または1回の繰り返しを表す
.（ピリオド）	任意の1文字に一致させる
^（キャレット）	行頭に一致
$	行末に一致
¥s	空白類（スペースや改行文字など）
¥t	タブ
¥rまたは¥n	改行文字

く，1度の検索で済ませることができます。前ページの表1は，基本的な正規表現のまとめです。

　正規表現を用いることで，複数の文字列を一度に指定し，別の文字列に置換したり，削除したりすることが可能になります。例えば，表1の左の列にあるピリオドは，正規表現では文字としてのピリオドではなく，任意の1文字を表します。b.t であれば bat, bet, but などの全ての単語が当てはまります。また oranges? なら orange と oranges を一度に指定したことになります。ただし，正規表現の検索でピリオドやクエスチョンマークを通常の文字として認識させたい場合にはその直前に必ず¥を置いて下さい。なお Mac OS X，英語版 Windows や Linux では¥が＼（バックスラッシュ）で表示されます。

　正規表現とテキストエディタの置換機能を使って，テキストの整形をしてみましょう。OCR ソフトで取り込んだデータには余分な改行コードやスペースが含まれていることが多いのですが，これらも正規表現を用いることで一括して削除することができます。このようなデータの1例として，文の途中であっても各行の右端に改行コードが入っていることがしばしばあります。これが原因で，コンピュータは文の途中であっても文の終わりと認識し，その結果，改行コードを跨いだ連語表現を検索することができなくなります。検索のことを考えれば，文の終わりを示す句読点まで

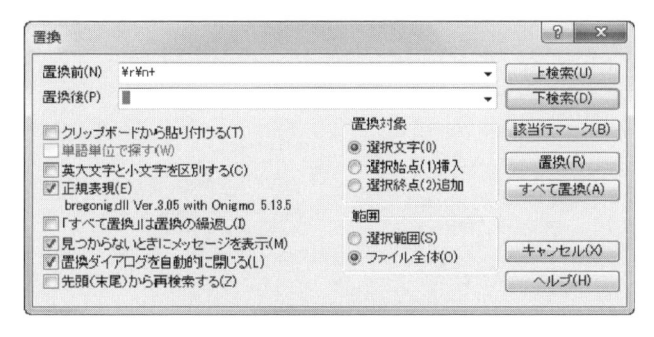

図3　改行コードの削除設定

は，改行コードが入っていない形式に整形するのが理想です。

　テキストエディタを使って，改行コードを一括して削除するには，前ページ図3のようにサクラエディタであれば，置換画面の［置換前］ボックスに ¥r¥n+ を入れます（Mac OS X の場合は ¥n+）。+ は改行コードが2つ以上入っている場合も想定してのことです。［置換後］ボックスには半角スペースのみを入れ，［すべて置換］をクリックします。このとき，正規表現のチェックボックスにチェックが入っているかを必ず確認して下さい。こうすれば，ファイル内の改行コードが全て半角スペースに置換されます。

　また，単語間や文間に不必要に空白が連なっている箇所も，全て空白が1つだけ入るように整形してみましょう。［置換前］ボックスには ¥s+ を入れ，［置換後］ボックスには半角スペースを1つ指定し［置換］をクリックします。

　11.2.2 で説明した1行1文の形式にも，類似した方法で整形することができます。この作業は，ピリオドや？などのエンドマーカーの後に改行コードを入れることで簡単に行うことができます（図4）。手順は，文末のピリオドやクエスチョンマークなどの「エンドマーカー＋空白」を「エンドマーカー＋改行コード」に置換します。［置換前］ボックスに ¥.␣ を（␣ は半角スペースを表す），［置換後］ボックスに ¥.¥r¥n を入れて［置換］

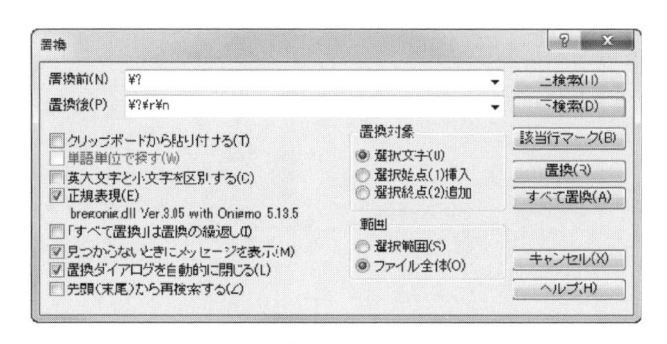

図4　？の直後に改行コードを入れる置換設定

をクリックして下さい。この置換は，「ピリオドの直後をすべて改行する」を指定しています。ただし，ピリオドを含む U.S.A. のような略号の場合は，それぞれの文字のみで始まる行に置換されてしまうため，手作業で復元する必要があります。同様に？であれば，[置換前] ボックスに ¥?」を，[置換後] ボックスに ¥?¥r¥n と入れて [置換] をクリックします。ただし，!(エクスクラメーションマーク) などはメタキャラクタではないことから，正規表現を用いた検索や置換でも，直前に ¥ を付ける必要はありません。上と同様の置換であれば，[置換前] ボックスに !」を，[置換後] ボックスに !¥r¥n と入れて [置換] をクリックします。

　このように，テキストエディタの置換機能と正規表現をうまく組み合わせることで，手作業では時間のかかる複雑なテキストの整形処理も短時間で行うことができます。表1を参考に，試行錯誤してご自分で取り込んだデータを整形してみて下さい。

11.3.5　タグ付け

　取り込んだテキストの各単語に品詞タグを付与すれば，コンコーダンサーによっては，「動詞＋名詞」や「形容詞＋名詞」などの品詞を組み合わせた句レベルの検索や，「動詞＋information」のようなコロケーション検索，あるいは「be 動詞＋現在分詞」などの構文レベルの検索が可能になります。ここでは，ランカスター大学が提供している品詞タグ付けサービス，Free CLAWS WWW tagger (http://ucrel.lancs.ac.uk/claws/trial.html) を使うことにします (次ページ図5)。

　このサービスは，[Type (or paste) your text to be tagged into this box.] と表示してあるボックスに，タグ付けしたいテキストファイルを貼り付けるだけで，BNC で使われているのと同じ品詞タグ (CLAWS と呼ばれています) を，各単語に振ってくれます (品詞タグ CLAWS については 4.3.4 および 6.7 を参照して下さい。詳細について http://ucrel.lancs.ac.uk/claws/)。なお貼り付けることのできるテキストのサイズは10万語までという制約はありますが，個人が利用する分には十分でしょう。

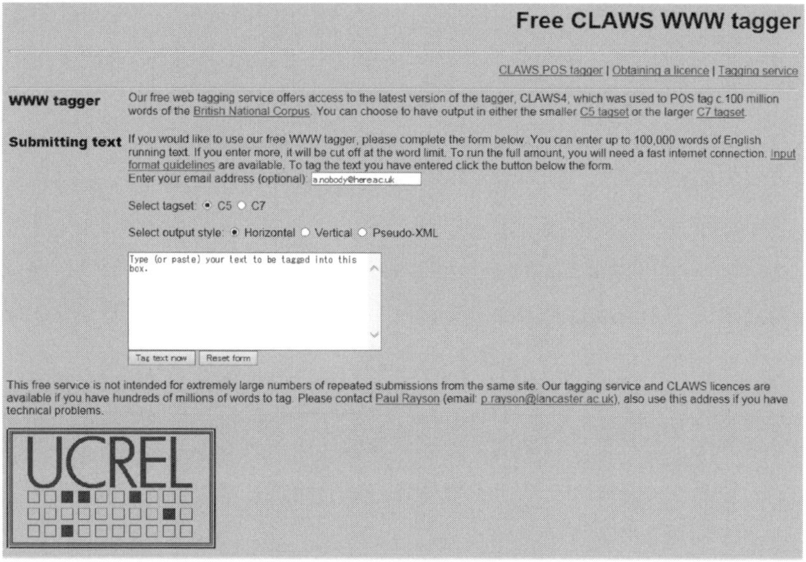

図5　ランカスター大学の自動タグ付与サービス

　例えば (a) の文をボックスに貼り付けると，(b) のような結果を得ることができます．なお，(a) の文は三省堂の3年生用英語教科書 *New Crown* から抜粋しました．

(a) For me, these words are more powerful than any others. I remember them when I am in trouble.

(b) For_PRP me_PNP ,_PUN these_DT0 words_NN2 are_VBB more_AV0 powerful_AJ0 than_CJS any_DT0 others_NN2 ._SENT -----_PUN
I_PNP remember_VVB them_PNP when_CJS I_PNP am_VBB in_PRP trouble_NN1 ._SENT

　品詞がタグ付けされたコーパスを作成すれば，上述した以外にも，詳細で正確な検索が可能になります．例えば left という語形は「左」を意味す

る場合，名詞，形容詞，副詞で使われますし，動詞 leave の過去形と過去分詞形でも使われます。タグ付けされたコーパスでは，それぞれを区別した検索が可能です。あるいはタグなしコーパスで -er で終わる語を指定し，形容詞の比較級を検索すると，remember や designer といった無関係な語も拾ってしまいますが，品詞タグ付きコーパスがあれば AJC (Adjective, Comparative) と指定するだけで済みます。

11.4　おわりに

　本章では，手元にある英語データを利用したコーパスの作成手順を説明しました。英語母語話者の大規模コーパスを利用するだけでなく，自分が調べたいものに特化したコーパスを用意しておくと，小規模なものであっても有用な資料となり，教育活動にも十分活用できるようになります。ここで紹介したような学習者コーパスや教科書コーパスを作成すれば，指導する生徒の書く英文の特徴を捉えたり，使用している教科書の語彙を分析することができます。その他関心のある用例を集めて自分用の英語用例コーパスを作成してみるのもよいでしょう。日頃の学習指導や英語表現の蓄積・活用のためにコーパスを作成し，積極的に利用して下さい。

第12章　AntConcによる自作コーパスの分析

12.1　はじめに

　本章ではAntConcの基本的な操作方法を紹介します。具体的には中学校の英語教科書のデータを用いて，(1) 穴埋め教材の作成方法を紹介したり，(2) 学習指導要領の改訂により，教科書はどのように変わったかを示したりしながら，AntConcを紹介します。AntConcは，Laurence Anthony氏が開発したフリーのコーパス・ツールで，多機能でありながら使いやすいインターフェースを有しています。その上，Windows, Mac, LinuxのOSに対応しており，機種を選びません。

　中学校の英語の検定教科書はご承知のように次の6種類です。*Columbus* (光村図書)，*New Crown* (三省堂)，*New Horizon* (東京書籍)，*One World* (教育出版)，*Sunshine* (開隆堂)，*Total English* (学校図書)。この6種中，本稿ではある1種類の旧版 (2005) と新版 (2012) の1年から3年のものを使用します。

12.2　AntConcを概観する

　まずLaurence Anthony氏の運営するウェブサイト (http://www.antlab.sci.waseda.ac.jp/software.html) より，AntConc (2013年12月のバージョンは3.2.4) をデスクトップにダウンロードしましょう。インストール作業は必要ありません。アイコンをクリックすることで，すぐに使用することができます。

　次に対象とするファイルを指定します。図1 (次ページ) の初期画面の上部にあるツールバー (次ページ図2) より，[File] → [Open File(s)] を選び，

対象としたいテキストファイルを選択して下さい。そうすると，画面左の［Corpus Files］の欄に，選択したファイル名が表示されます。なお図2の事例では，Jは中学，1-3は学年，2012は出版された年を示しています。

　最初にこのツールの基本機能を概観しておきます。初期画面の上部のタブメニュー（図3）に示されおり，大きく次の3つに分けられます。(1) コンコーダンス（【Concordance】，【Concordance Plot】），(2) 共起語

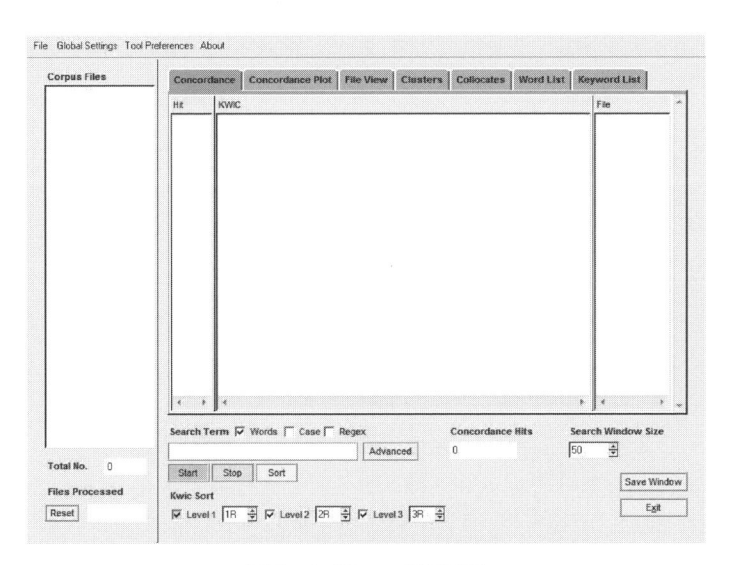

図1　AntConc 初期画面

図2　AntConc ツールバーとコーパスファイルの表示

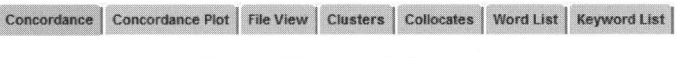

図3　AntConc タブメニュー

(【Collocates】),単語連鎖(【Clusters】),(3) 単語リスト(【Word List】),特徴語リスト(【Keyword List】)。

以下では具体的な事例とともに紹介します。

12.3　AntConc を使ってみよう

教育現場でプリントなどを作成するとき,用例を自前で考えるのは面倒ではないでしょうか。だからといってインターネットや英字新聞などに頼ると,中高生には難しい例が多く,結局,教員の方でリライトしなければなりません。また「この表現は既に習ったけど,何年生だったかな」,と気になることはないでしょうか。特に基本動詞である have, make, get などは,小学校から高校までよく用いられますが,どの段階でどの用法を学んでいるのか,迷うことも多いでしょう。そのようなときに,中高生用の教科書,教材,入試問題などのテキストファイルを集めてコーパス化しておくと,とても便利です。ここでは基本動詞である have や make を指定語として,さまざまな AntConc の利用法を見てみましょう。

12.3.1　コンコーダンス (【Concordance】,【Concordance Plot】)

第1章で既に述べたとおり,コンコーダンスは検索語を中心として,前後の文脈を示す KWIC 形式で用例を示す手法です。示されたコンコーダンスラインを確認することで,テクストにおける対象語の用いられる様子を把握することができます。

図3のタブメニューより【Concordance】を選択します。下記の図4の検索語欄に have を入力し,[Start] をクリックしてみましょう。そうす

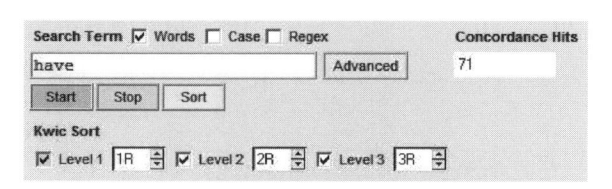

図4　AntConc 検索語入力画面

ると，頻度数が［Concordance Hits］の欄に示され，この新版の教科書内には71回出現していることが分かります。

また画面中央部にコンコーダンスライン，右側の［File］に検索事例のあるファイルが示されます（図5）。青字でハイライトされた中心語をクリックすると，【File View】のタブにて，使用箇所を確認することができます。この機能を使うだけでも，良い例を見つけて，コピー&ペースト（コピーしたい例をマウスでドラッグし範囲指定してからCtrl+C，貼り付け先でCtrl+V）で教材を作成できます。

次にコンコーダンスラインを確認すると，1年次にhave + O（〜を持つ），2年次にhave to（〜する必要がある），3年次にhave + p.p.（〜した，〜したことがある）の用法の順に学ぶことが確認できます。他に，makeの用法（例：make + 抽象名詞はいつ現れるか），getの用法（例：get p.p. をいつ学ぶか）など，基本動詞の用例を見ると興味深いでしょう。また用例として近いもの順に並べ替えたい場合，図4の［Kwic Sort］のLevel 1-3で右1語ソートに調整して下さい。図6（次ページ）のように右1語のアルファベット順に並べ替えることができ，目的語にaやanyを使うものやhave toを抽出することもできます。

Hit	KWIC	File
1	n yo-yo kendama koma p.33 I have a toy in my bag. This is the	J1_2012.txt
2	isen p.37 Emma: What do you have in your hand? Ken: I have a	J1_2012.txt
3	u have in your hand? Ken: I have a shamisen pick. Emma: Sham	J1_2012.txt
4	rt 1 p.44 Field Trip Ken: I have four onions and two carrots.	J1_2012.txt
5	ur onions and two carrots. I have some potatoes too. Emma: OK	J1_2012.txt
6	Emma: OK. That's enough. I have a shopping bag. Ken: Good.	J1_2012.txt
7	ooks shirts caps dogs cats I have five pencils. >LESSON 4 GE	J1_2012.txt
8	p.52 Yuka: Excuse me. Do you have any caps? Clerk: Yes, we do	J1_2012.txt
9	eelchair. Bob: These chairs have special wheels. Can you move	J1_2012.txt
10	aunt Yumiko asked, "Did you have fun today?" "Yes, I did," I	J1_2012.txt
11	ittle Mouse said, "I want to have a long nose." p.119 Giraffe	J1_2012.txt
12	ittle Mouse said, "I want to have a long neck." Kangaroo hoppe	J1_2012.txt
39	try of forests and lakes. We have lived with them for a long t	J3_2012.txt
40	e Finns love our forests and have protected them. In this way,	J3_2012.txt

図5　コンコーダンスライン（haveの事例）

```
|20|Site.   p.59 Some Mongolians have a special lifestyle. They li|J3_2012.txt
|21|s. For example, lotus leaves have a special way to keep clean.|J3_2012.txt
|22|n yo-yo kendama koma  p.33 I have a toy in my bag. This is the|J1_2012.txt
|23|r do? Kan: Wait a minute. I have an idea.  Kan: Let's break t|J2_2012.txt
|24|p.52 Yuka: Excuse me. Do you have any caps? Clerk: Yes, we do|J1_2012.txt
|25|of sushi do you like? Do you have any local food in your town?|J2_2012.txt
|26|rge.  p.50 All living things have developed special ways of li|J3_2012.txt
|27|at do you want to be? We all have dreams. I want to be a firew|J2_2012.txt
|28|ll right, don't die. Until I have finished repaying everything|J3_2012.txt
```
〜〜〜〜〜〜〜〜〜〜〜〜〜〜〜〜〜〜〜〜〜〜〜〜〜〜〜〜〜〜〜〜〜〜
```
|60|Japanese? Meiling: We don't have to do any homework. But don'|J2_2012.txt
|61|it's time to fly." "Why do I have to fly? Cats don't fly," Luc|J2_2012.txt
|62|ork? Meiling: Let's see. We have to read Chapter 9 in the tex|J2_2012.txt
|63| to be a fireworks artist. I have two main reasons.    First,|J2_2012.txt
|64|tle. "It's Christmas Day. We have wine and sausages. Please jo|J3_2012.txt
```

図6　コンコーダンスライン（右1語ソート）

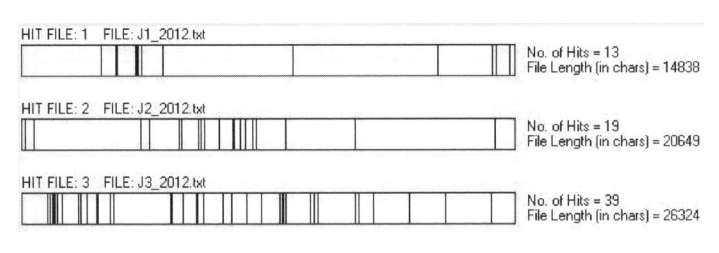

HIT FILE: 1 FILE: J1_2012.txt
No. of Hits = 13
File Length (in chars) = 14838

HIT FILE: 2 FILE: J2_2012.txt
No. of Hits = 19
File Length (in chars) = 20649

HIT FILE: 3 FILE: J3_2012.txt
No. of Hits = 39
File Length (in chars) = 26324

＊J1-3：中学1年-3年

図7　コンコーダンスプロット

　また【Concordance Plot】タブ（図3）をクリックすると，図7のように各学年の使用状況が確認できます。各テクスト中，どのあたりに出現するかが，プロット（縦線）で示されており，学年進行につれて用法が増え，より頻繁に使用される様子が確認できます。高校の教科書データなども用意しておけば，検索語の「中高連携」の様子も見ることができます。このように正確に示し得るコンコーダンサーは，学習過程を確認する上で効果的です。

　次にコンコーダンスラインを抽出して，中心語を空所化し，簡便に穴埋めプリントを作成する方法を紹介します。まず初期画面の上部にあるツールバー（図2）より，［File］→［Save Output to Text File］をクリックし，

```
15 e hula is our tradition. The actions in the dance  (              ) meanings. Some dances tell stories of our ancesto    J2_2012.txt
16 njoy Sushi What kind of sushi do you like? Do you  (             ) any local food in your town?                         J2_2012.txt
17 bookcase TV desk chair bed fridge window vase  I  (             ) a bookcase in my room.                                J2_2012.txt
18 t's the history homework? Meiling: Let's see. We   (             ) to read Chapter 9 in the textbook.                    J2_2012.txt
19 book. Paul: And for Japanese? Meiling: We don't   (             ) to do any homework. But don't forget.                  J2_2012.txt
20 on. Chin: I don't believe you. Kan: It's sugar!   (             ) some.  p.51  Soon the pot is empty.                    J2_2012.txt
21 . What will the Master do? Kan: Wait a minute. I  (             ) an idea. Kan: Let's break this vase.                   J2_2012.txt
22 Now we're really in trouble.  Kan: Don't worry. I (             ) a plan. Follow my lead.                                J2_2012.txt
```

図 8　表計算ソフトにより加工されたファイル

検索結果をテキストファイルで保存します。次にそのファイルを Microsoft Excel などの表計算ソフトで加工します。例えば Excel で開くと，図 8 のように左から番号，用例文，ファイル名の 3 列が表示されます。番号とファイル名の列，および中心語の周りの不要な部分は削除しましょう。次に，［編集］→［置換］をクリックし，中心語である have を（　　　）に一括変換して下さい。後は「空所には同じ単語が入る。その語とは何か答えなさい」の指示と用例文を貼りつければ終わりです。

　高校教員の場合，教科書のみならず，大学入試問題やセンター試験問題を準コーパス化すると，非常に役立つでしょう。地域や学校の事情に合わせて自作した教材コーパスをもとに AntConc を利用すれば，担当する中高生に必要とされる用例が抽出でき，教材研究・作成に絶大な威力を発揮します。

12.3.2　共起語（【Collocates】），単語連鎖（【Clusters】，n-gram を調べる）

　教科書は生徒が分かりやすいように，先生が教えやすいように執筆されていますので，教科書の英語は実際の英語の使用実態と異なることがあります。例えば，make の目的語は通例，抽象語（e.g. choice, effort, mistake）が多いのですが，中学校の教科書ではどうでしょうか。共起語【Collocates】や単語連鎖【Clusters】によって，make の目的語に何がよく使用されているか，確認してみましょう。

　まず図 3 のタブメニューにて，【Collocates】を選択し，図 9（次ページ）の検索語欄に make|makes|made|making と入力します。「|」（パイプ）

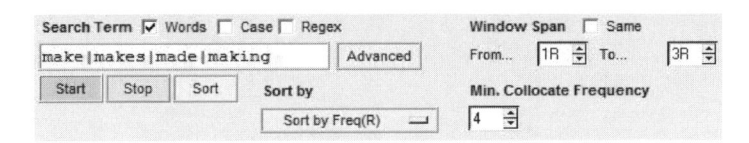

図9 Collocates 検索設定

Rank	Freq	Freq(L)	Freq(R)	Stat	Collocate
1	8	0	8	4.37260	a
2	6	0	6	4.57349	in
3	5	0	5	5.64525	for
4	4	0	4	5.63452	people
5	4	0	4	7.48252	friends

図10 Collocates 検索結果

でつなぐことにより，make の派生系を一度に調べることができます。次に検索範囲を右1語から右3語までとします（[Window Span]）。そして最小限の頻度数を4として（Min. Collocate Frequency），右側に生起する語の頻度順でソート（Sort by Freq (R)）するよう設定します。最後に [Start] をクリックして下さい。

この設定により，make を中心として右3語までに出現する語のうち，頻度が4以上の語を自動的に集計した上に頻度順に並べて示されます（図10 参照）。in や for の前置詞を除くと，① make a 〜，② make people + C，③ make friends の用例が多いと予測できるでしょう。Stat の欄には，共起語の結びつき度合いを示す MI の値が示されています（MI については 16.4.2 と 17.2.2 を参照）。

次に結果を確認するために，Clusters も試してみましょう。図3のタブメニューで【Clusters】を選択し，検索語欄に make|makes|made|making と入力し，中心語を含む単語連鎖の大きさを2から4語連鎖と設定し（Cluster Size），そして最小限の頻度を2とします（Min. Cluster Frequency）。検索結果は紙幅の都合のため，割愛します。

結果を確認すると，make work for people が3例あることに気づくで

しょう。つまり図10の結果のpeopleの4例中，3例がこのmake work for peopleという単語連鎖なのです。したがって，①make a 〜，②make people + C，③make friendsの有力な共起語関係において，②は予測が誤りだったといえます。また①と③はこの【Clusters】の結果でも確認することができます。このように，単純な結果を簡単に信じないことが大切です。

次に具体的にmake a 〜の目的語を確認してみましょう。図10のaをクリックすると，当該語のコンコーダンスラインが示されます。具体名詞であるcranesやcalendarのみならず，speech, presentation, mistakeなどの抽象語がバランスよく使用されていることが確認できます。より英語の使用実態に即した教科書が作成されつつあるようです。ちなみに同じ会社が発行した2005年版の教科書では，food, sentence, cranesと具体名詞しか出てきません。

【Clusters】には中心語を設定しないで，語数を指定してテキストから機械的に指定語数から成る語連鎖を抽出し，頻度順に並べるn-gramという機能が含まれています。その際，2語連鎖をbigram，3語連鎖をtrigramと呼びます。例えば，この英語教科書内の典型的trigramを抽出する場合，[Search Term]のチェックボックスの[N-Gram]にチェックを入れて，[N-Gram-Size]を3とし，[Start]をクリックします。検索結果は教科書の構成の影響を受けるものも抽出されますが（e.g. LESSON GET Part, Let's READなど），I want to（17回），What do you（14回），I have a（11回）などの中学校教育課程において頻出する語連鎖が示されます（n-gramの仕組みについては10.3.2を参照）。

12.3.3　単語リスト（[Word List]），特徴語リスト（[Keyword List]）

2011年度から2013年度にかけて，小中高の新学習指導要領が全面実施されました。「今回の改訂で，教科書はどう変わったか」とか，「新しい教科書のAとB，どちらがうちの生徒のレベルにいいだろう」など，思われたことはないでしょうか。熟読して判断することもできますが，主観的

な上，何より時間と労力がかかります。そこで，単語リストと特徴語リストを作成し，客観的かつ時間と労力をかけずに，教科書の英語を比べてみましょう。

まず新版の教科書の単語リストを作ってみましょう。操作方法は，最初に図3のタブメニューにて，【Word List】を選択します。次に図11の［Display Options］の箇所の［Treat all data as lowercase］（全て小文字扱い）にチェックを入れて下さい。これで大文字と小文字を区別しないことになります（You と you を同じ語としてカウントする）。最後に Start をクリックします。そうすると，単語の頻度表が画面に提示されます（図12）。

図12の上部に"Total No. of Word Types"と"Total No. of Word Tokens"が示されています。前者は異なり語数，つまり何種類の表記形の語で構成されているかを示し，後者はこのテクストの総語数を表しています。なお，初期設定では make, makes, made, making は表記形が異なるため，異なった語として扱われます。派生系を合算して確認するためには，レマ化（lemmatization）という処理が必要となります。この応用的な手法は，金田・村上（2008）が参考になるでしょう。

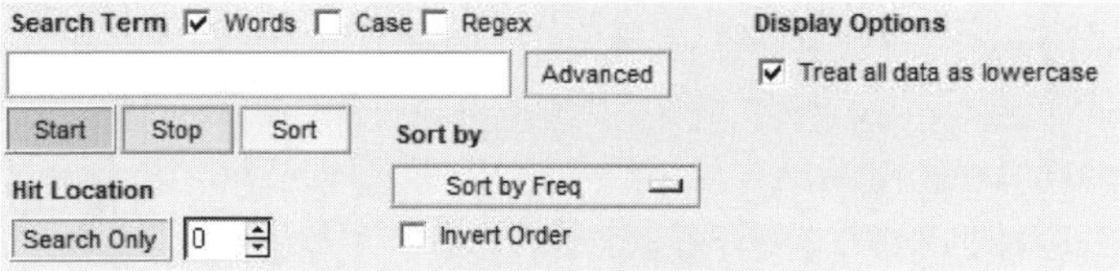

図11　Word List 検索画面

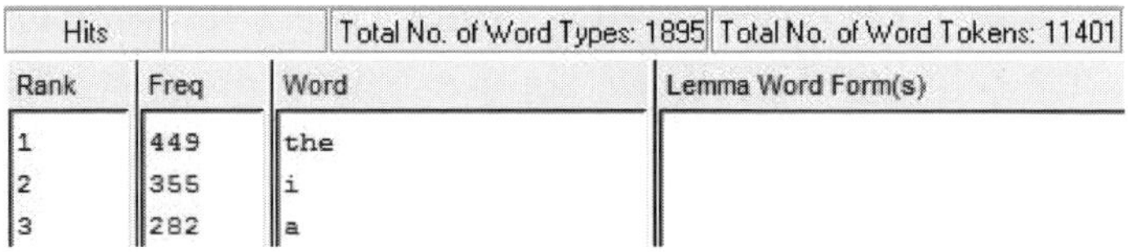

図12　Keyword 結果（2012年新版の事例，一部）

表1 旧版と新版の異なり語数，総語数の比較

	旧版 (2005)	新版 (2012)	増加率 (%)
異なり語数	1,336	1,895	41.8
総語数	7,750	11,401	47.1

　同じ手順を旧版の教科書にも実行し，まず旧版 (2005)，新版 (2012) の異なり語数と総語数を比べてみます。表1を見てみましょう。派生系，固有名詞や日本語からの借用語などもカウントしているので，結果には注意が必要ですが，旧版から新版への移行によって，総語数，異なり語数，いずれもかなり増えたことが確認できるでしょう。今回の指導要領上の語彙数の増加は900語から1,200語，33％の増加です。この手法をもとに，他の教科書の異なり語数，総語数，および増加率を比べてみて下さい。そうすることで，ある程度の難度は予測できます。

　つづいて，特徴語リストを作って，もっと具体的な語そのものに着目し旧版と新版の教科書を比べてみましょう。特徴語リストとは2種のデータを比較して，テクスト内で相対的によく用いられている語，つまり「キーワード」を抽出する手法です。例えば，2005年と2012年の教科書を比較し，それぞれによく用いられている語群を調べることで，各版の特徴が見えてくるでしょう。

　特徴語を抽出するためには，対象コーパスと参照コーパスの2種のデータを AntConc に読み込ませる必要があります。そのため，まずツールバーの [Tool Preferences] をクリックし，[Keyword List] → [Other Options] の [Treat all data as lowercase] にチェックを入れ，[Reference Corpus Options] の項目にある [Choose Files] をクリックし，比較対象とするテキストファイルを選択します（ここでは，同じ会社の旧課程の2005年度版英語教科書3冊を選択；次ページ図13）。最後に画面下部の Apply をクリックし，基本画面に戻り，[Reference Corpus] の [Loaded] にチェックが入っていることを確認し，[Start] をクリックします。

　結果の概略を確認すると，教科書の構成の影響を受けるもの (e.g. Part,

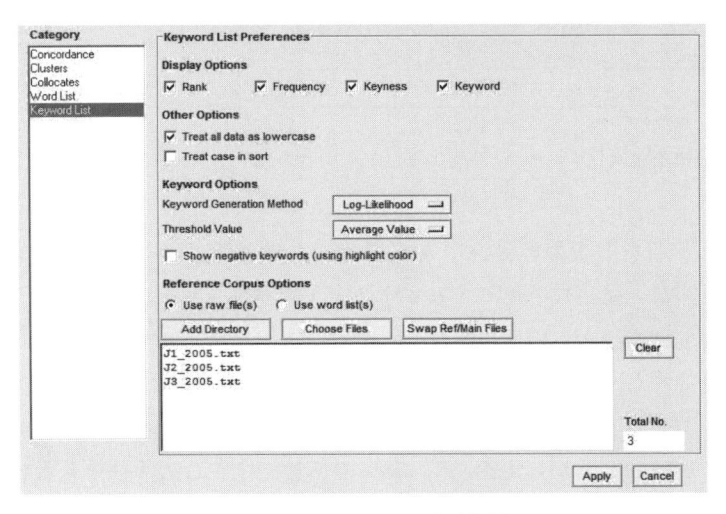

図 13　Keyword List 設定画面

Lesson），登場人物（e.g. Meiling, Jimmy），場所（e.g. Finland, Costa Rica）などの固有名詞が目立ちます。これはどのような教科書を比較しても，同様のことが起こります。このような語は教科書の構成や，トピックが大きく影響したため，キーワードになっていることが明らかです。ですので，取り除く必要があります。

　また抽出された特徴語の性質により，分類して考えると，結果が読みやすくなることもあります。例えば内容語と機能語に区分していずれかに焦点を当てる，また品詞別にまとめて接続表現のみに着目するなどです。そのためには，一度，テキストファイルに書き出す必要があります。以前に紹介したように，図２のツールバーの［File］→［Save Output to Text File］をクリックし，検索結果をテキストファイルで保存して下さい。次にそのファイルを表計算ソフトで開いて，自由に事例を削除したり，補足情報を加えたりしてみましょう。

　以上の処理を行い，各版のキーワードの結果を確認すると，以前の会話重視から４技能の総合的な指導への移行が見えてきます。例えば旧教科書の特徴度の高い語は，hello, thank, you (thank you), ok, mean (I mean), yes, sure (I'm sure), goodbye などの会話表現に特徴的な語が抽出されます。一方，新教科書では global, local, information, tourism, history などの語長が比較的長い内容語が多く抽出されながら，会話特有の表現を構成する語はまったくありません。つまり 2011 年度の会話重視の小学校外国語活動の導入，2012 年度の中学校学習指導要領の 4 技能のバランスのとれた能力の育成の方向を受けて，今後の小中高の連携を考慮した教科書内容へと変更されていることに気がつくでしょう。

12.4 おわりに

本節では AntConc の基本的な操作方法を，中学校の英語教科書データを題材に紹介しました。AntConc はこのような基本機能のみでも教育現場で大活躍する優れものです。その上，基本形検索（レマ検索），品詞検索（タグ検索），正規表現を用いた検索（第 11 章），またさまざまな統計指標（第 16, 17 章）にも対応しています。今後，応用的な使用法に範囲を広げて，担当の生徒の学習状況の把握，教材の性質の把握，および教材作成などに役立ててみて下さい。

第 13 章　AntWordProfiler による教材作成

13.1　はじめに

　AntWordProfiler は，Laurence Anthony 氏が開発した，英文で使用されている語彙のレベルを調べるためのフリーウェアです。このソフトを利用すると，例えばプリント教材や試験問題の英文を用意する際に，使われている語彙レベルを客観的な基準で確認することができます。さらに，語彙レベルが学習者には高過ぎる場合でも，このソフトの分析結果に基づいて，難語を含む表現を ALT の協力を得て書き換えれば，一定範囲内の語彙レベルの英文にすることができます。

13.2　使用前の準備

　まずソフトウェアのウェブサイト（http://www.antlab.sci.waseda.ac.jp/software.html）から AntWordProfiler をダウンロードします。Windows，Mac OS X，Linux の各 OS 用の実行ファイルが用意されているので，自分の環境に合ったものをダウンロードします。以下，Windows 版の Version 1.4.0 に基づいて説明します。

　AntWordProfiler 以外に最低限用意する必要のあるものは，分析対象のテキストファイルです。手元に検定教科書のファイルがあれば，それを使うのもいいでしょう。任意のウェブページの英文をコピーし，「メモ帳」などのテキストエディタにペーストし，適当な名前を付けて保存したものを使うこともできます。ここでは，Voice of America（以下「VOA」）の "Animal-Related Diseases Concern Scientists" という記事（http://www.voanews.com/content/animal-related-diseases-raise-concern-with-scientists-

136677768/150290.html) の本文をテキストファイルとして保存したものを例として使用します（図1）。VOA は BBC や CNN と比べると，概して易しめの英語を使っています。そのため，日本人英語学習者，特に大学受験生のレベルに適した教材や試験問題用の英文素材を探す際に，VOA が役に立つことは多いでしょう。およそ1,500語の語彙しか用いない Learning English（旧称 Special English）もあり，その記事を書き換えれば，高校受験生のレベルから利用できる英文素材を入手することもできるでしょう。

　この他に，語彙のレベルを規定するデータ（以下「レベルリスト」）が必要なのですが，AntWordProfiler には，General Service List（以下「GSL」）と呼ばれる基本語約2,000語，Academic Word List（以下「AWL」）と呼ばれる大学レベルの教育で不可欠な約570語，さらにこれらの単語の変化形・派生語など，合わせて約10,900語のデータから成るレベルリストが用意されています。GSL の頻度で上位約1,000語とその関連語が Level 1，

Animal-Related Diseases Concern Scientists

　Health researchers and wildlife biologists say the number of infectious diseases that have jumped the boundary from animals to humans and between animal species is on the rise. Scientists believe the increase may be a result of more frequent contact between humans and wild animals, as well as the growing trade in wild animals, both legal and illegal.

　Towards the end of the 1990s, several Asian countries lived one of their worst health nightmares. A new, highly pathogenic, strain of Avian Influenza known as H5N1 killed hundreds of people. Over the next years, more than 9-million chickens were destroyed in an effort to stem the epidemic. Scientists believe the H5N1 virus was transmitted from wild birds to domestic poultry and pigs, which then passed it to humans. H5N1 is just the latest of various influenza strains that have killed up to 100 million people over the last century.

図1　VOA の記事の冒頭部分

下位約 1,000 語とその関連語が Level 2,Academic Word List の項目が Level 3 として扱われます。見出し語とその変化形・派生語をまとめて扱うこの考え方はワードファミリー（word family：以下「WF」）と呼ばれます。例えば accept の WF には accept, acceptability, acceptable, unacceptable, acceptance, accepted, accepting, accepts が含まれます。WF は，見出し語を知っていれば，意味を推測できる語群であると言うことができます。

13.3　教材の分析
13.3.1　語彙プロファイルの作成

実際に調査したい英文の語彙プロファイル，つまり使用されている単語のレベル分布の情報を作成するには，以下の手順で処理を行います。

1 AntWordProfiler を起動し（図2），画面左上の［User File(s)］の右にある［Choose］ボタンをクリックして，ファイルを読み込みます。

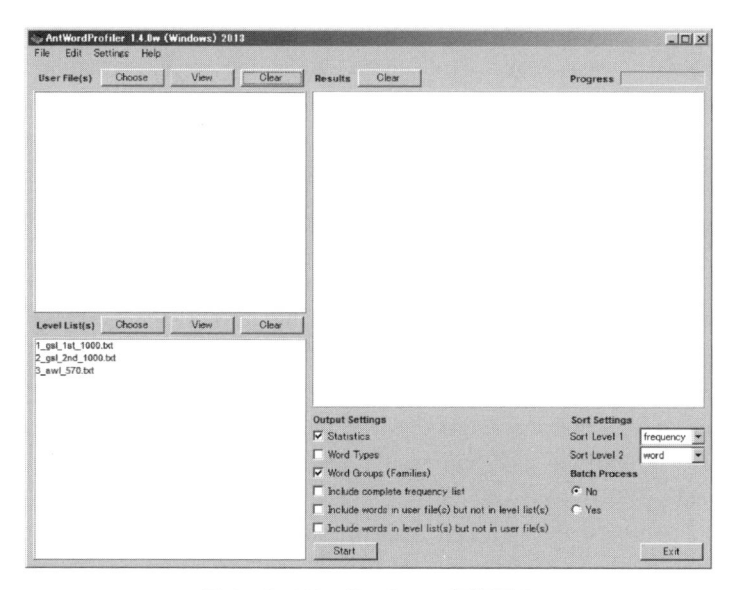

図2　AntWordProfiler の初期画面

複数ファイルの処理方法は下の手順4で説明します。
2 画面右下の [Output Settings] で，出力したい情報を選択します。（初期状態では [Statistics] と [Word Groups (Families)] が選択されています。）

- Statistics：テキストで使われている語彙のレベル分布を要約した数値情報。今回の例で実際に処理を行うと表1に示す結果が得られます。TOKEN は各レベルでカバーされる語数（総語数），TOKEN% はその割合，CUMTOKEN% はその累積割合を示しています。例えば，このデータではレベル1と2の語彙が全体の78.34％を占めています。他に TYPE と GROUP についても同様の情報が表示されますが，TYPE は同じ語形のものが複数回使われている場合にそれらをまとめて1つと数えたもの（異なり語），GROUP は同じ WF に属する語形をまとめて1つと数えたものを表します（総語数，異なり語については 12.3.3, 16.4.1 を参照）。
- Word Types：各語形がいくつのファイルに出現しているか（これは Range と呼ばれています），全ファイル中での合計使用回数（Freq），各ファイル中での使用回数（uf_1, uf_2, …）という情報。
- Word Groups (Families)：各 WF に関する，[Word Types] と同じ情報。
- Include complete frequency list：各語形・WF の使用回数における順位や累積の使用回数などの詳細な情報。[Word Types] また

表1　Staticstics で示される情報

LEVEL	FILE	TOKEN	TOKEN%	CUMTOKEN%
1	1_gsl_1st_1000.txt	367	72.24	72.24
2	2_gsl_2nd_1000.txt	31	6.10	78.34
3	3_awl_570.txt	36	7.09	85.43
0	—	74	14.57	100
TOTAL		508		

は［Word Groups (Families)］と一緒に選択して使用します。
- Include words in user file(s) but not in level list(s)：テキストで使用されているけれども，レベルリストに含まれていない語形の一覧。［Word Types］または［Word Groups (Families)］と一緒に選択して使用します。
- Include words in level list(s) but not in user file(s)：レベルリストに含まれているけれども，テキストで使用されていない語形の一覧。［Word Types］と一緒に選択して使用します。

3 ［Sort Settings］で［Word Types］・［Word Groups (Families)］・［Include words in user file(s) but not in level list(s)］の結果のソート（並べ替え）方法を選択します。初期状態では第1優先の項目である［Sort Level 1］に［frequency］が，第2優先の項目である［Sort Level 2］に［word］が選択されています。
- frequency：合計使用回数の多い順
- range：いくつのファイルに出現しているかという値の多い順
- word：語形またはWF見出し語のアルファベット順

4 ［Batch Process］で複数のテキストファイルを処理する際に，どのように処理するかを選択します（初期状態では［No］が選択）。
- No：全てのファイルがまとめて処理され，Rangeデータが作られます。
- Yes：ファイルは個別に処理されます（Rangeは全て1）。

5 中央下部の［Start］ボタンをクリックすると処理が行われ，右上のボックスに結果が表示されます（次ページ図3）。

6 結果はメニューの［File］から［Save results in tabbed space format ...］を選択することで，ファイルに保存することができます。結果は表計算ソフトで読み込んだときに見やすいタブ区切りの形式で保存されます。ただし，［Batch Process］のオプションで［Yes］を選択して処理を行った場合は，メニューから結果を保存すると，最後に処理されたファイルの結果のみが出力されます。全てのファイルの

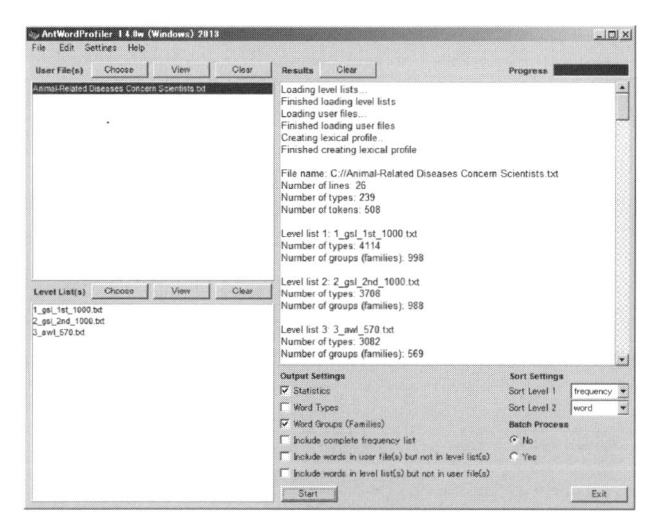

図3 処理結果の表示

処理結果を保存するには，結果のボックス内にカーソルを置いて，メニューの［Edit］から［Select All (Ctrl+/)］を選択し，出力結果をコピーし，テキストエディタや表計算ソフト上でペーストするという手順を経る必要があります。

13.3.2 単語のレベル確認

テキスト中の各単語のレベルを表示するには，以下の手順で処理を行います。

1 13.3.1 の手順1に従って，ファイルを読み込みます。
2 対象のファイルが選択されている状態で，上部の［View］ボタンをクリックします（下部にある［Level List(s)］の右にある［View］ボタンと間違えないこと）。複数のファイルを読み込んでいる場合には，処理結果を見たいファイルを選択してから［View］ボタンをクリックすると，指定したテキストが表示された新しいウィンドウが開きます。

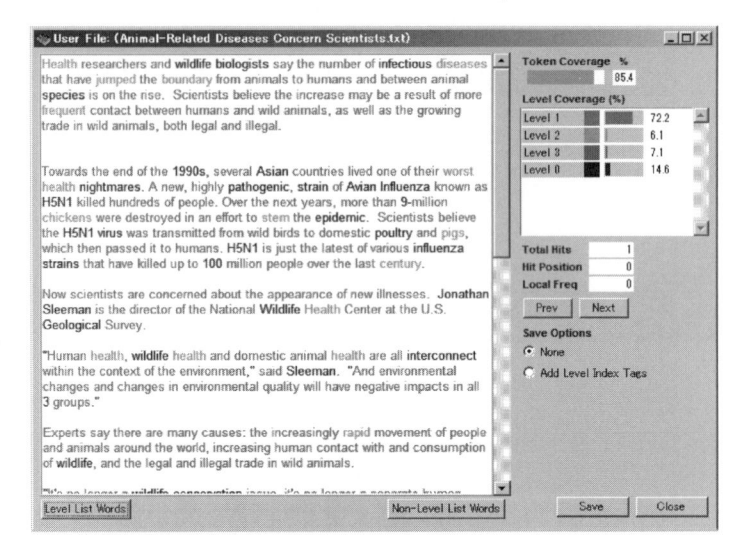

図4 レベルごとに色分け表示されたテキスト

3 新しく開いたウィンドウの左下にある［Level List Words］ボタンをクリックすると，レベルリストの定義に従って，各単語が色分けして表示されます（図4）。右上の［Token Coverage %］は，テキスト中の全ての単語のうちでレベルリストに含まれている単語でカバーされる割合を示し，［Level Coverage (%)］は各レベルでカバーされる割合を示します。Level 1 の WF でカバーされる単語が赤色で，Level 2 の WF でカバーされる単語が緑色で，Level 3 の WF でカバーされる単語が青色で表示されます。どのレベルも付与されない数詞や Level 0，つまりどのレベルにも属さない単語は黒色で示されます。ただし，Level 0 の単語は必ず語彙レベルが高いというわけではなく，固有名詞なども Level 0 とマークされます。

4 ［Non-Level List Words］ボタンをクリックすると，Level 0 の単語のみが赤色でハイライトされます。この場合の右上の［Token Coverage %］は，テキスト中の Level 0 の単語の割合を示します。語彙レベルの高い単語に注目したい場合にはこの機能を利用するとよ

いでしょう．

5 右下の［Save Options］で［Add Level Index Tags］を選択して［Save］ボタンをクリックすると，各単語にレベルが付与されたテキストファイルを保存することができます（初期状態では［None］が選択されています）．このオプションで出力したファイルは以下のようになります．

［Level List Words］の表示状態で保存した場合：Health_2 researchers_3 and_1 wildlife biologists say_1 ... (wildlife や biologists のような Level 0 の単語にはレベル情報が付きません．)

［Non-Level List Words］の表示状態で保存した場合：Health researchers and wildlife_0 biologists_0 say ... (Level 0 の単語にのみレベル情報が付きます．)

このレベル表示機能で Level 3 や Level 0 と判断された単語は，客観的な基準で「難しい」単語の可能性があります．これらの単語を含む表現をより易しい表現に書き換えることで，難しい英文テキストでも学習者のレベルに合わせた読みやすい教材，あるいは試験問題の素材として利用することができます．その方法については 13.4 で解説します．

13.3.3 レベルリストの読み込み

組み込まれている GSL と AWL 以外の既製のレベルリストを使用して語彙レベルを判定することもできます．例えば BNC と COCA の頻度データ (http://www.antlab.sci.waseda.ac.jp/software/wordlists/bnc_coca_cleaned_20130410.zip) を利用する場合には，以下の手順でレベルリストを変更します．

1 AntWordProfiler の左下にある［Level List(s)］で初期値として読み込まれているリストのファイルを 1 つクリックして選択し，［Level List(s)］の右にある［Clear］ボタンをクリックします（上部にある

て下さい)。これを 3 回繰り返してどのファイルも読み込まれていない状態にします。

2 ［Level List(s)］の右にある［Choose］ボタンをクリックして，上記の zip ファイルに含まれる basewrd1.txt を選択して開きます。同様の手順で，必要な分だけこの作業を繰り返します。例えば，BNC と COCA の頻度で上位 5,000 項目の WF を利用する場合は，basewrd5.txt まで読み込みます。このファイル名にはレベルを表す数字が入っていますが，その数字とは無関係に，［Level List(s)］の一番上に表示されているものがレベル 1，その下に表示されているものがレベル 2 という扱いになるので，レベルの低い，つまりより易しい単語を集めたファイルから順に読み込む必要があります。

［User File(s)］の右にある［Clear］ボタンと間違えないよう注意し

レベルリストは自分で作ることもできます。例えば教科書出現語のレベルリストを作れば，英文テキストの中で教科書の出現語ではカバーされていない単語を調べることが可能になり，実力テストで使う英文を探したり，必要に応じて書き換えたり注釈をつける際の参考にすることができます。

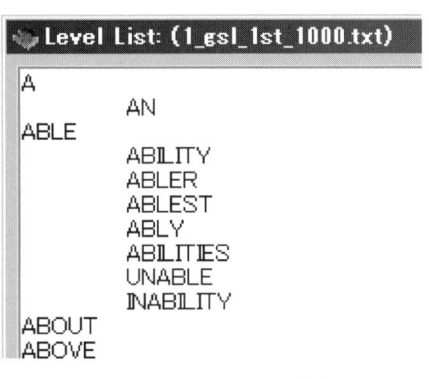

図 5　レベルリストの内容

初めに，レベルリストの書式を確認しましょう。AntWordProfiler を起動し，標準で利用できる，レベル1に対応する［1_gsl_1st_1000.txt］を選択し，下部の［View］ボタンをクリックします（上部にある［User File(s)］の右にある［View］ボタンと間違えないよう注意して下さい）。すると，このレベルリストの内容が表示されます。

レベルリストは，WF の見出し語（A や ABLE や ABOUT など）の行と，字下げされている，その WF に含まれる他の語形（AN や ABILITY など）の行，という2種類の行でできているテキストファイルです。AN や ABILITY などの行では，行の最初にタブが1つ分入力されています。大文字・小文字の区別は無視される（全て小文字に変換されて処理される）ため，レベルリスト作成時にはどちらで入力してもかまいません。自分で英文を用意して，その中で使われている各単語が教科書既出語かどうかを判断するという目的であれば，WF の概念を使う必要はなく，単に1行に1語を列挙してかまいません。

自分でレベルリストを作る場合には，テキストエディタなどで，この書式に従ったテキストファイルを作成します。1つのレベルリストに含まれる WF の数は自由で，またファイル名も自由ですが，複数のレベルリストを読み込んで使う場合には，［Level List(s)］で上からレベル1のファイル，レベル2のファイル，と並ぶようにする必要があります（上記の手順2を参照）。

レベルリストの作成は全て手作業で行うこともできますが，量が多い場合にはそれは現実的ではないでしょう。AntWordProfiler の分析結果を利用すれば，単語の入力作業を省いて，重複のないリストを簡単に作ることができます。例えば，教科書の本文に含まれる全単語を基にしたレベルリストを作成する場合には，以下の手順で処理を行います。

1 最近はほとんどの教科書で本文のデータが教師用に用意されているので，これを利用して教科書の本文テキストファイルを用意します。AntWordProfiler を起動し，画面左上の［User File(s)］の右の

［Choose］ボタンをクリックして，ファイルを読み込みます。教科書の Lesson ごとにファイルが分かれている場合は，全てのファイルを読み込みます。

2 画面右下の［Output Settings］で［Word Types］と［Include complete frequency list］を選択し，中央下部の［Start］ボタンをクリックします。

3 メニューの［File］から［Save results in tabbed space format...］で結果を保存し，そのファイルを Microsoft Excel などの表計算ソフトで開くと，All types used in target files という見出しの下に，テキスト中で用いられている全ての語形が同一列に表示されます（表2は "Animal-Related Diseases Concern Scientists" を処理した結果です。数字で始まる単語は無視され，どのレベルも付けられないため，リストには出てきません）。

4 このデータの Type の列に表示される単語を全て選択してコピーし，テキストエディタ上でペーストすれば，レベルリストの書式に従って1行に1語が書かれたファイルができます。

作成した教科書出現単語リストをレベルリストとして読み込み，用意し

表2　テキストファイルで使われている全語形

All types used in target files						
Type	Range	Freq	uf_1	Rank	Cumulative	Cumula
the	1	36	36	1	36	
of	1	20	20	2	56	11
and	1	19	19	3	75	1
in	1	13	13	4	88	1
to	1	12	12	5	100	1
a	1	11	11	6	111	21
animals	1	9	9	7	120	2
s	1	8	8	8	128	2
have	1	7	7	9	135	26
health	1	7	7	10	142	2
wildlife	1	7	7	11	149	2

たテキストの中から教科書出現単語以外のものを探すことができます。

13.4 教材の書き換え
13.4.1 類義語辞書を利用した難語の書き換え

　教材や試験問題で使いたいテキスト中の各単語のレベルを確認した後は，難しい単語を必要に応じて易しい単語に書き換えたり，注釈を付けたりするという作業が必要になることが多いでしょう。標準で用意されているレベルリストを使った場合には，例えば Level 3 や Level 0 の単語が書き換えの候補になりますし，教科書出現単語リストをレベルリストとして使った場合には，そのリストに含まれない Level 0 の単語が書き換えの候補になります。AntWordProfiler には類義語辞書が内蔵されていて，単語の書き換え作業を支援してくれます。

　この機能を利用するには，メニューの [Settings] 内の [Thesaurus Settings] を選択し，設定画面で [Use thesaurus] をチェックして [Apply] ボタンをクリックすることで，類義語辞書機能を有効にする必要があります (図6)。このオプションは初期状態では有効になっていません。下記の手順で [Edit] ボタンが表示されない場合には，このオプションが無効になっているので，上記の手順で有効にします。

　類義語辞書を利用した単語の書き換えは，以下の手順で行います。

1 AntWordProfiler を起動し，画面左上の [User File(s)] の右にある [Choose] ボタンをクリックして，ファイルを読み込みます。

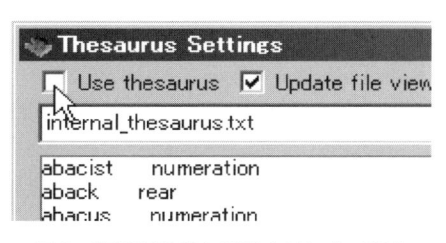

図6　類義語辞書を利用するための設定

2 読み込んだファイルを選択し，［View］ボタンをクリックすると，新しいウィンドウに指定したファイルの中身が表示されます。

3 ［Level List Words］または［Non-Level List Words］でテキスト中の単語をハイライトします（図7および13.3.2参照）。［Prev］または［Next］ボタンでハイライトされている単語を選択し，その間を移動することができるようになります。下線が付いている単語は類義語辞書に類義語の候補があるものです。下線付きの単語が選択されている状態で［Edit］ボタンをクリックすると，類義語候補が表示されます（次ページ図8）。候補が複数のレベルに渡って存在する場合には，レベル別のタブが表示されます。

4 類義語候補の中に適切な書き換え候補がある場合には，それを選んでから［Replace］ボタンをクリックすると，テキスト中の当該の単語が選択した単語に書き換えられます。書き換え候補の単語を選択した状態で［Replace All］ボタンをクリックすると，テキスト中のその単語が一括して選択した単語に書き換えられます。

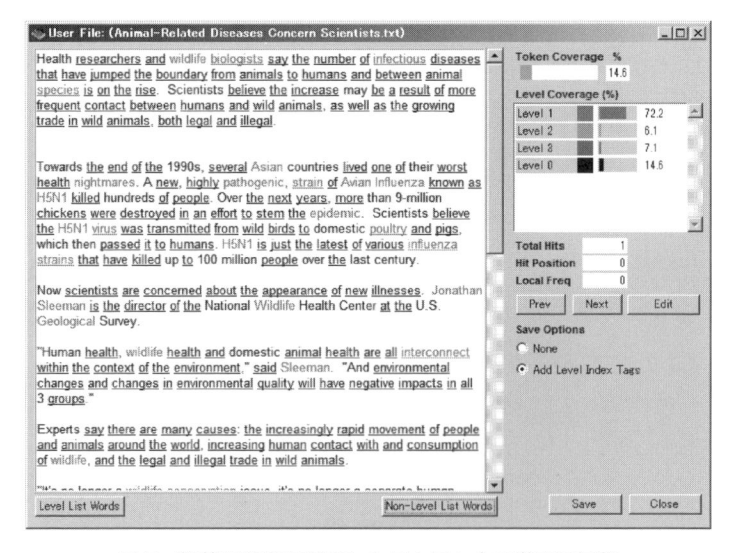

図7　類義語辞書を利用したテキスト中の単語の編集

図8 類義語辞書に基づく単語の書き換え候補表示

5 書き換え後に［Save］ボタンをクリックすると，修正したテキストに任意の名前を付けてファイルとして保存することができます。

この機能を利用するにあたって注意しなければならないことがあります。レベルごとの書き換え候補が提示される点は非常に便利なのですが，AntWordProfilerに内蔵されている類義語辞書の規模はさほど大きくないため，これを利用してテキスト中の難語をより易しい単語に書き換えるということは，常にうまくいくとは限りません。また，任意の単語に書き換える機能がないため，自分で任意の単語に書き換えたい場合には，元のテキストファイルを直接書き換える必要があります。

13.4.2　難語の書き換えでテキストを読みやすくする

まとめとして，VOAの英文テキスト"Animal-Related Diseases Concern Scientists"の最初の2段落分を易しく書き換える例を紹介します。まずは，AntWordProfilerでレベルを付与し，レベルリストに含まれない単語だけを表示する設定で保存します。必要な手順を以下に簡単にまとめます。

1 画面左上の［User File(s)］の右にある［Choose］ボタンをクリック

して，ファイルを読み込みます．
2 読み込んだファイルを選択し，［View］ボタンをクリックすると，新しいウィンドウに指定したテキストが表示されます．
3 ［Non-Level List Words］ボタンをクリックし，Level 0，つまりどのレベルにも属さない単語のみが赤でハイライトされた状態にします．
4 右下の［Save Option］で［Add Level Index Tags］を選択して［Save］ボタンをクリックし，任意の名前を付けてファイルとして保存します．

上記の手順の結果得られるのが次のテキストです．網掛け，四角の囲み，下線部は下で説明する書き換え箇所を示します．

    Health researchers and wildlife_0 biologists_0 say the number of infectious_0 diseases that have jumped the boundary from animals to humans and between animal species_0 is on the rise. Scientists believe the increase may be a result of more frequent contact between humans and wild animals, as well as the growing trade in wild animals, both legal and illegal.
    Towards the end of the 1990s, several Asian_0 countries lived one of their worst health nightmares_0. A new, highly pathogenic_0, strain_0 of Avian_0 Influenza_0 known as H5N1_0 killed hundreds of people. Over the next years, more than 9-million chickens were destroyed in an effort to stem the epidemic_0. Scientists believe the H5N1_0 virus_0 was transmitted from wild birds to domestic poultry_0 and pigs, which then passed it to humans. H5N1_0 is just the latest of various influenza_0 strains_0 that have killed up to 100 million people over the last century.

これを，実際にネイティブ・スピーカーの協力を得ながら，Level 0 の

単語を含む表現を中心に書き換えたものが次のテキストです。網掛けは Level 0 であるけれどもそのままにした箇所，四角で囲まれた部分は書き換えた箇所，下線部は Level 0 以外での書き換え箇所を示します。

　Health researchers and scientists who study wild animals say the number of diseases that have jumped the boundary from animals to humans and between animal types is on the rise. Scientists believe the increase may be a result of more frequent contact between humans and wild animals, as well as the growing trade in wild animals, both legal and illegal.
　Towards the end of the 1990s, several Asian countries lived one of their worst health-related experiences. A new, dangerous type of bird flu known as H5N1 killed hundreds of people. Over the next few years, more than nine million chickens were destroyed in an effort to stem the spread of the disease. Scientists believe the H5N1 virus was transmitted from wild birds to domestic birds and pigs, which then passed it to humans. H5N1 is just the latest of various types of flu that have killed up to 100 million people over the last century.

　書き換え後のテキストでも，第2段落の Asian，flu，H5N1，virus は依然として Level 0 のままですが，このうち Asian は十分に易しい単語だと言えるでしょう。H5N1 はウイルスの型を表す固有名詞的な表現であり，また日本のニュースや新聞などでも取り上げられることが多いため，そのままにしました。influenza から書き換えた flu と virus はこれ以上の書き換えが難しいためそのままにしています。これらを除いて，9箇所の Level 0 の単語を含む表現をより易しい表現に書き換えました。元のテキストと比べるとだいぶ易しくなっていると言えるでしょう。
　場合によっては，難しい表現もあえて残しておいて，前後の文脈からその表現の意味を推測させるような問題を作ってもよいでしょうし，語句のレベルではなく，文や段落の単位で大胆に書き換えたり，省略したりした

方がよいこともあるでしょう。いずれにしても，その際の判断基準となるのが AntWordProfiler が提供してくれる語彙レベルの情報なのです。

13.5　おわりに

　AntWordProfiler を活用する際，注意していただきたいことがあります。それはこのソフトが提供してくれる情報は，あくまで単語のレベルであるということです。文法や成句の難しさや，文章全体の難易度は測ってくれません。また単語自体のレベルは高くなくても，意味や用法が難しいということもあります。これらのことも考慮に入れながら，ソフトの不十分な点は ALT の協力を得て補うことで，英文の書き換えに活用して下さい。

実践編4

英作文指導での
コーパス活用

第14章　Googleを活用した英作文指導

14.1　はじめに

　英語教員にとって，生徒に課した英作文の宿題を添削することは日常的業務の1つですが，生徒の不完全な英語を自然な英語へと修正することは大変骨の折れる作業です。身近にALTがいれば英語に関する質問ができますが，いつもそのような環境に身を置いているわけではありません。そのような場合，各種辞書や語法書に頼るのが普通ですが，最近では，電子辞書やスマートフォンの辞書アプリを使えば，紙辞書では不可能な全文検索もできるので，これらを活用されている方も多いでしょう。しかし，重要な情報のみを厳選した辞書を参照するだけで，ライティング時に必要な情報が全て揃うとは限りません。そこで本章では，ウェブを一種のコーパスに見立て，Google (https://www.google.co.jp/) の検索機能を活用した英文作成と英文添削の方法を紹介します。

14.2　検索の基本

　インターネットで調べたいことがあるとき，多くの場合は思いついたキーワードを入力するだけで目的を果たすことができますが，ウェブをコーパスとして活用するには，単に調べたい語や句をそのまま入力するだけでは思い通りの結果は得られません。Googleの検索の約束事を知る必要があります。特にGoogleでは「検索演算子」と呼ばれているコマンドを使った少し高度な検索方法を学ぶ必要があります (https://support.google.com/websearch/answer/136861?hl=ja)。

14.2.1 検索語句の入力と検索結果

検索ボックスに英語の単語や句を入力し，［google 検索］をクリックすると，ヒット件数，タイトル，URL および概要が表示されます。Google 検索では，大文字と小文字は区別しませんが，単数形と複数形は区別することを知っておく必要があります。これを利用すれば，名詞の可算・不可算の別を調べることができます。例えば，英語の information は不可算名詞であることから複数形では用いられません。それぞれのヒット件数を，*New York Times* のサイトで調べてみると（サイト検索については 14.2.3. を参照），単数形「約 2,890,000 件」，複数形「約 3,140 件」と表示されました（2013 年 11 月 5 日現在）。2 つの件数を比較すれば，単数形の方が普通であることが分かります。

14.2.2 フレーズ検索

2 語以上の単語からなる意味のまとまりをもった句や文を検索するときには注意が必要です。例えば，Broadband makes it possible to upload large files quickly. の makes it possible to 〜 は頻繁に用いられる言い回しですが，このまま検索ボックスに入れると，どうなるでしょう。この言い回しが使われているページが検索されるだけでなく，… trying to **make** sense of quantum mechanics. If one claims that **it** is **possible** (in principle) **to** give … のように，これらの単語がすべて含まれているページも検索されてしまい，求める結果が得られません。makes it possible to をこの語順のかたまりとして検索するには，ダブルクォーテーションマークで囲み，"makes it possible to" とする必要があります。ウェブをコーパスに見立てて検索するときは，このフレーズ検索が基本になります。

14.2.3 サイト検索

ウェブ上には，世界中の情報が日々無造作にアップされています。つまり，ウェブは一般的なコーパスとは異なり，計画性がなく，偶然集められた雑多なテキストの集合体と言い換えることができます。例えばウェブ上

の英語は，母語話者が書いたものとは限りません。したがって誤りや不自然な英語が含まれている可能性があります。また母語話者が書いた英語であっても，スタイルがくだけすぎていたり，俗語が混じっていたりすることがあり，英語学習者のお手本にならないこともあります。

　このような理由から，ウェブを英語コーパスとして活用する場合，できるだけ標準的な英語で書かれたサイトに限定し，英語の質をある程度均質化することが重要です。Google では，検索演算子「site:」の後にドメイン名かサイト名を添えれば，検索サイトをドメインで限定したり，特定のサイトを指定することができます (site: とドメイン名，サイト名の間にスペースを入れないこと)。例えば英国の教育機関なら，検索したい語句をダブルクォーテーションマークで囲み，site:ac.uk を加えます (例えば "make it possible to" site:ac.uk)。特定のサイトを指定するには，例えば site:nytimes.com とします。*New York Times* の全ウェブページが検索対象になるので，英語の質は保証されます。表 1 は国別と機関別の主要なドメインをまとめたものです。

　アメリカ英語を検索する場合には，表 1 の gov か edu を指定しましょう。また，商業組織 (com)，ネットワーク (net)，非営利団体 (org) はある特定の国を指定するわけではなく，英語圏以外の国も含まれますので，英語表現の検索時には指定しない方がよいでしょう。

表 1　ドメイン名

国別ドメイン		機関別ドメイン	
uk	英国	ac.uk	英国教育機関
au	オーストラリア	edu	米国教育機関
ca	カナダ	gov	米国政府機関
nz	ニュージーランド	com	商業組織
jp	日本	net	ネットワーク
		org	非営利団体

14.2.4 OR/パイプ検索

　語の共起関係を調査するさいに，いくつかの候補の中から適切なものを確認したい場合は，OR/パイプ検索を使います。パイプとは，検索時に使用する縦棒（|）のことを指します。例えば，The earth travels 〜 the sun. の「〜」にどの前置詞が入るのかを確認したい場合，OR 検索では "the earth travels (in OR on OR at OR with OR around) the sun"，パイプ検索では "the earth travels in|on|at|with|around the sun" のように指定します。around が最も自然であることが分かります。ちなみに前節で述べた句をダブルクォーテーションマークで囲まない検索（make it possible to）は AND 検索（make AND it AND possible AND to）ということになります。

14.2.5 ワイルドカード/アスタリスク検索

　トランプで「ワイルドカード」と言えば，すべてのカードの代用になる万能カードのことで，ジョーカーがよくその役目を果たします。検索においては任意の単語の代わりになる記号のことを指し，Google ではアスタリスクが用いられます。例えば，「詳細な分析を通して」と言いたくて，through a 〜 analysis とすればよいことまでは分かっているのですが，「詳細な」の英語が思い浮かばないとき，〜をアスタリスクに換えて，"through a * analysis" とします。そうすると detailed や close が得られます。

14.2.6 Google Fight

　類似した 2 つの表現がどちらも Google 検索である程度ヒットした場合は，Google Fight（www.googlefight.com）を活用しましょう。当サイトでは，比較したい 2 つのキーワード，つまり検索したい語や句を入力すると，英語サイトに限定して Google 検索のヒット件数を瞬時に比較することができます。例えば，「闘う」の意味で make a fight と make a battle のどちらが頻繁に使用されているかを調査したい場合，同サイト内の

Keyword #1 に make a fight を，Keyword #2 に make a battle を入力して，[Fight!] をクリックします．すると，結果が件数付きの棒グラフで表示され，make a fight のほうが多く使われていることが分かります．

14.3 具体的な検索例

品詞別にいくつかの検索課題とその具体的な検索方法，そして検索結果を見ていきましょう．課題に取り組む前に，信頼性のある情報を獲得するために以下の注意事項を確認して下さい．

(1) 英語の質が保証されるドメインやサイトを指定する．
(2) 使いたい表現が見つかったら，あらためてその表現を検索し件数を確かめる．
(3) 複数の表現が見つかったら，各表現を検索しヒット件数から得られた頻度をもとにいずれの表現が典型的な表現かを確認する．
(4) 検索結果の用例は，当該表現の前後に注意をはらい目視で確かめる．

最後の注意事項は特に重要です．例えば，「電話で」は on the phone が正解ですが，"in the phone" と検索しても多数ヒットします．実は，"in the phone" でヒットした例は in the phone booth や in the phone book, in the phone number など in が phone の後続名詞にかかっています．検索した箇所にだけ注目していると重大なミスを犯しかねないので注意しましょう．以下の節では品詞ごとに課題と検索方法を示しますので，自分自身で取り組んで下さい．ドメインを site:edu か site:uk に指定するものとします．

名詞の場合

> 生徒が I bought a furniture at a department store yesterday. と書きましたが，furniture は可算名詞でしょうか．

【検索方法】"a furniture" を実行します。
【検索結果】不可算名詞ですが，a furniture もかなりヒットします。よく見てみると，a furniture caretaker, a furniture layout, a furniture system などの用例であることが分かります。さらに，a.furniture や (a) furniture, a:furniture などの用例も含まれています。括弧，カンマ，ピリオド，ハイフン，コロンなどの記号は検索時に無視されるので，注意しましょう。また，ドメインを指定しない場合は，a furniture という表現もヒットしますが，日本やフランス（フランス語では可算名詞）など英語圏以外の国のウェブサイトからのものであることが分かります。

「交通事故（traffic accident）の危険」を生徒が danger of traffic accident と書きました。danger でいいのでしょうか。

【検索方法】「危険」に相当する単語をパイプで並べて "danger|peril|risk|hazard of traffic accident" を実行します。
【検索結果】risk が最も自然であることが分かります。

日本語で「夢」は「かなえる」といいますが，英語でなんと言えばいいのでしょうか。

【検索方法】"to * my dream" を実行します。to を付けておくと後に動詞の原形が来る可能性が圧倒的に高くなります。ただしまれに explain to you my dream のようなケースもヒットします。
【検索結果】fulfill, achieve, realize がヒットします。アスタリスクをそれぞれの語に置き換えて検索しヒット数を比べると，achieve, fulfill, realize の順で頻度が高いことが分かります。

動詞の場合

> 「この店は家具を扱っている」を英語にするとき，動詞は何が適切でしょう。

【検索方法】アスタリスク検索で"this shop * furniture"を実行します。

【検索結果】「扱っている」の意では，sells, specializes in, stocks, has などが入ることが分かります。「扱う」からはsellのような基本動詞はなかなか思い浮かびません。

形容詞の場合

> 「…な人々に私はとても尊敬の念を抱いている」の意で生徒が書いた I have very respect for people who … の very は誤りだと思いますが，適切な形容詞は何でしょうか。

【検索方法】"have|has|had * respect for"を実行します。

【検索結果】great, much, every, immense, enormous などが使われることが分かります。アスタリスクをそれぞれの語に置き換えて検索しヒット数を比べると，great が圧倒的に多く，much, every, enormous, immense の順であることが分かります。

> 「大勢の観衆」を生徒が many audience と書きましたが正しいでしょうか。

【検索方法】many, much, a lot of, large など候補の語句をあげます。語と句が混在している場合，1つずつ件数比較します。

【検索結果】(a) large audience が最も自然であることが分かります。

前置詞の場合

「自転車に乗る」は，ride on my bike と ride in my bike のどちらが正しいでしょうか。

【検索方法】アスタリスク検索では"ride * my bike"，OR検索では"ride (in OR on) my bike"を実行します。この課題は2択なのでGoogle Fight を用いることで正確なデータが得られます。
【検索結果】on の方が自然であることが分かります。

「インターネットで情報を送る」を生徒がsend information by the Internet と書きましたが，前置詞は by で正しいでしょうか。

【検索方法】"send information by the Internet"ではヒットしないので，"send information * the Internet"のように指定して実行します。
【検索結果】over, across, via, through がよく見られます。前置詞以外だと using などが用いられることが分かります。

生徒の表現力を高めるために

生徒の書いた I'm hungry. に対して，別の表現を示したい。

【検索方法】"I'm * . When's dinner ready?" を実行します。
【検索結果】I'm starving. がよく使われていることが分かります。求める表現が出てきそうな状況を英語で設定し，それを検索するのがコツです。

be fond of 〜「〜が好きだ」は中学レベルで習う必須熟語ですが，「私は〜がとても好きだ」I am very fond of 〜．で，very 以外の副詞を教えたい。

【検索方法】"am|is|are|be * fond of" を実行します。

【検索結果】fond of の直前には，very 以外に particularly, quite, especially, extremely, rather などの副詞が頻出します。

14.4 生徒の英作文の添削例

最後に，実際に生徒が書いた英作文をもとに，Google 検索を活用した添削例を紹介します。検索結果の詳細は記していませんが，練習として実際に検索してみることをお勧めします。なお，初めにドメインを site:edu に指定し，得られた用例が少ない場合には，site:ac.uk に変えて再検索してみて下さい。

生徒の英作文例

> Today, I (1)introduce about my family. My family (2)is my parents and me. I (3)have very respect for my father. He is (4)quite interested in (5)playing the golf. He often goes to golf course with his friends. He (6)promised with me that he will (7)teach a golf to me next time. He is working for the shop. This shop sells furniture. My mother loves to (8)make foods in the kitchen everyday. She is very kind to me. I love my family very much.

Check 1. introduce about（introduce about の適否を調べる）

【検索】"introduce about my family" と "introduce my family" を件数比較します。

【結果】introduce my family の方が自然であることが分かります。

Check 2. is (has や includes も候補であれば，どれが適切か)

【検索】"My family has|includes|is my parents" のパイプ検索を実行します。

【結果】includes が最も自然であることが分かります。

Check 3. have very respect for (14.3 参照)

【結果】検索結果から，生徒には great を推奨します。

Check 4. quite interested in（quite 以外の共起語を調べる）
  【検索①】"is quite interested in" とフレーズ検索します。
  【結果①】ある程度ヒットするのでこの用例は誤りではありません。
  【検索②】"is * interested in" とアスタリスク検索します。
  【結果②】particularly や very が多数ヒットします。
  【検索③】"is quite interested in" と "is particularly interested in" を件数比較します。
  【結果③】particularly の方がより自然であることが分かります。

Check 5. playing the golf（冠詞の有無を調べる）
  【検索】"playing the golf" と "playing golf" を件数比較します。
  【結果】定冠詞 the が無い playing golf の方が自然であることが分かります。

Check 6. promised with me（promised with の適否を調べる）
  【検索】"promised with me" と "promised me" を件数比較します。
  【結果】with の無い promised me の方が自然であることが分かります。

Check 7. teach a golf（冠詞の有無を調べる）
  【検索】"teach golf" と "teach a golf" を件数比較します。
  【結果】不定冠詞 a が無い teach golf の方が自然であることが分かります。

Check 8. make foods（複数形 foods と共起語 make の適否を調べる）
  【検索①】"make foods" を検索します。
  【結果①】用例が見つかりません。
  【検索②】"make food" を実行します。
  【結果②】多数ヒットしますが，用例を概観すると make food fair, make food choices, make food fun などの用例が多いようです。
  【検索③】"my mother * food" とアスタリスク検索します。
  【結果③】cooks や prepares などがヒットします。

以下は，上記のGoogle検索の結果にもとづいた添削例です。もちろん，この添削でも不自然なニュアンスを含む表現は多少残っていますが，元の英作文と比較して文法的なミスや不自然な共起関係は減少しています。

添削後の英文

> Today, I (1)introduce my family. My family (2)includes my parents and me. I (3)have great respect for my father. He is (4)particularly interested in (5)playing golf. He often goes to golf course with his friends. He (6)promised me that he will (7)teach golf to me next time. He is working for the shop. This shop sells furniture. My mother loves to (8)cook food in the kitchen everyday. She is very kind to me. I love my family very much.

14.5 おわりに

本章では，検索エンジンの代表格であるGoogleを活用した英文の作成と添削の方法を紹介しました。パソコン環境が整った教室が整備されているようなら，検索方法を生徒に教えることもこれからの英語ライティング指導のあり方の1つです。ウェブを一種のコーパスと見立てて効果的に活用していく必要性は今後ますます増えることでしょう。WebCorp Live (http://www.webcorp.org.uk/live/) はまさにそれを実践したサイトです (3.8を参照)。

第15章 AntConcを使った英作文の自己診断と自己添削法

15.1 はじめに

本章は，自分の英作文の添削をネイティブ・スピーカーや英語教師に頼るのではなく，AntConcを使って，自分自身で主体的に英作文を改善する方法を紹介します。「主体的に」というのは，自分の英作文を客観的に分析し，発見と気づきによって自分の英作文を自分自身で添削していくということを意味します。そのためには次の2つのことが必要になります。1つ目は，自分の英作文がネイティブ・スピーカーの英作文とどう違っているのかを知ることです。2つ目は，どのような点に注目しながら英文を添削していくかを知ることです。本章ではこの2つの点からAntConcを使って（詳しくは第12章を参照），英作文の自己診断と自己添削を行っていきます。

15.2 自分の英作文を分析する

本節では，ある学生の英文を例としてAntConcを使った英作文の自己診断および添削法を紹介します。

15.2.1 ある学生の英作文

まず，次の英文を読んで下さい。

> My University Life
> I will tell you about my university life now. I go to the university every day. My university life is very busy but I enjoy it very much. There are a lot of happy and hard things in my university life. But I like the university

very much because there are a lot of reasons. First of all, I will tell you about my studying English. The environment is very good because there are a lot of good teachers and friends in this university. I have a lot of classes such as Japanese history, American literature, psychology, a teacher-training course and so on. I am interested in them. And I study English very hard for my dream.

I want to be an English teacher in the future. So I study English every day. For example, I listen to the English radio every night. It is so difficult for me to study English. I want to improve my English skill. So I study English more. In addition I have to do my homework and write a report. So I am very busy now, but I do my best.

If I had more time, I want to learn other languages such as Chinese, Korean, German and so on. Second of all, I will tell you about my friends. There are a lot of friends in the university. I can meet them every day. They are very kind to me. I can enjoy talking with them. For example, my favorite things, food, love, studying and so on. My favorite time in the university is to talk with my friends. To talk them makes me happy. I am always laughing when I talk with them. I have lunch with them every day. When I was trouble, they help me. At first, I was worried whether I can make friends because there are a lot of people who I didn't know. But we made friends soon. I was very glad to make friends them.

Finally, I will tell you about the institutions. At first, I was very surprised because this university is larger than I expected. There are a lot of good institutions in the university. For example, library, a student's dining hall, bakery and so on. They are very comfortable because there are air conditioners. My favorite place in the university is bakery. There are many kind of bread are sold. For example, bagel, curry bun, melon bun, pizza and so on. I often go there to buy lunch. They are delicious. My favorite loaf is bagel. Recently new loaves are sold. I have never eaten them so I want to try them. Also I like library because I can read a lot of books, magazines and newspapers. And I can do some research by various things. I often go to the library when I don't have a class. Whenever I go there, I do my homework or study English. The library is comfortable so I can concentrate in there. Also, I can watch DVD in the library. Recently, I am busy so I don't watch DVD. I want to DVD if I had a lot of time. As you can see, I enjoy

> my university life now. I am living a comfortable life. I want to study hard more and I want to enjoy my university life. I don't want to regret my life. I want to make a lot of good memories before I graduate from the university. So I will do my best for the dream in my university life.

　この英文が平均的な日本人大学生の書く英文かどうかは問題にしません。ここでは，この英文を書いた学生がどのようにして自分の英文を自分で改善していくことができるかについて考えてみます。

15.2.2　【Word List】を使って自己診断

　AntConcを使って，高頻度の上位20位までの単語リストを作成してみます。ここでは大文字と小文字は区別しないで高頻度の単語リストを作成しています（詳しくは12.3.3）。総語数は598語で，異なり語数は180語です。ネイティブ・スピーカーの英語と比較するために，イギリス英語のコーパスであるBritish National Corpus（BNC）の書き言葉のコーパスと話し言葉のコーパスの高頻度上位20位も併記しています。

　表1（次ページ）のBNCの書き言葉と話し言葉コーパスの高頻度語上位20位は，Leech, Rayson & Wilson (2001) からのものを1,000語あたりの数値に換算したものです。同書は，各語の品詞を考慮に入れているので，AntConcとはデータの扱いが若干異なります。例えば，「BNC書き言葉」の第6位のtoは不定詞で，第8位のtoは前置詞です。したがって，AntConcのカウントの仕方に従うと，「BNC書き言葉」のtoの1,000語当たりの頻度は26となり，第4位となります。厳密にはこのような問題が生じます。また598語で書かれた英作文を1億語のBNCと比較すること自体問題ですが，教育的な有用性を優先して，ネイティブ・スピーカーの英語との大まかな比較の目安としてBNCを利用していきます。

　それでは，表1から見えてくる"My University Life"の英文の問題点を指摘し，同時に改善方法も考えていきます。

表1　高頻度語上位20位の語彙頻度と1,000語当たりの頻度

順位	My University Life（総語数　598語）			BNC 書き言葉		BNC 話し言葉	
	単語	頻度	頻度/1,000	単語	頻度/1,000	単語	頻度/1,000
1	I	56	93	the	64	the	40
2	my	21	35	of	31	I	29
3	to	19	32	and	27	you	26
4	university	16	27	a	22	and	25
5	a	15	25	in	19	it	25
6	the	15	25	to	16	a	19
7	are	13	22	is	10	's	18
8	of	13	22	to	10	to	15
9	so	13	22	was	9	of	15
10	and	12	20	it	9	that	14
11	in	12	20	for	9	-n't	12
12	there	11	18	that	7	in	12
13	lot	10	17	with	7	we	10
14	very	10	17	he	7	is	10
15	English	9	15	be	7	do	10
16	life	9	15	on	7	they	9
17	them	9	15	I	7	er	9
18	want	9	15	by	6	was	8
19	can	8	13	's	5	yeah	8
20	is	8	13	at	5	have	7

人称代名詞 I の使用頻度が高い

　"My University Life"は話し言葉ではなく書き言葉ですが，内容と語りのトーンは話し言葉に近い文章です。そのため1人称代名詞 I が多く使われています。しかも，その使用頻度は，BNC の話し言葉の1人称代名詞 I の頻度と比較しても，約2倍の使用頻度です。この I の多用は，英語としては間違いではないのですが，大変幼稚な英文の印象を与えます。こ

れは減らす必要があります。減らすためにはどうしたらいいでしょうか。
　第1に，代名詞Iはどうしても使う必要があるのか検討してみることです。第2に，代名詞weやyouで置き換えることができないかどうかを考えてみることです。例えば，次の英文 (1a), (2a), (3a) は，(1b), (2b), (3b) のように書き換えることができます。

(1) a. I am always laughing when I talk with them.
　　 b. We are always laughing when we talk.
(2) a. Also, I can watch DVD in the library.
　　 b. Also, you can watch DVD in the library.
(3) a. I am interested in them.
　　 b. They are interesting to me.

　第3に，主語を無生物主語にできないか工夫してみることです。例えば，次の英文 (4a), (5a) は，(4b), (5b) のように書き換えることができます。

(4) a. I want to be an English teacher in the future
　　 b. My dream is to be an English teacher in the future
(5) a. Second of all, I will tell you about my friends.
　　 b. The next topic is about my friends.

冠詞の頻度が低い

　定冠詞theはBNCの場合は，書き言葉においても話し言葉においても使用頻度は第1位となっています。一方，"My University Life"の場合は，第6位でその使用頻度もBNCの話し言葉の3分の1程度です。書き言葉の場合と比較すると4分の1以下です。また，興味深いのはBNCのデータに見られるように，不定冠詞aは定冠詞theよりも使用頻度は低く，書き言葉では定冠詞の3分の1，話し言葉では2分の1となっていますが，"My University Life"の場合，不定冠詞aと定冠詞theの使用頻

度は同じになっています。不定冠詞 a の使い方を見てみると，15 例の不定冠詞のうち 10 例は a lot of のフレーズで使われています。このフレーズをもう少し減らす必要があります。

内容語の使用頻度が高い

「BNC 書き言葉」の第 1 位から 20 位までの単語は，名詞，動詞，形容詞のような辞書的意味を表す内容語は 1 つもありません。すべて，冠詞，代名詞，前置詞，接続詞，助動詞などの機能語，いわゆる文法語です。「BNC 話し言葉」の場合も 18 位まではすべて機能語です。ところが，"My University Life"の場合は，20 位の中に多くの内容語があります。第 4 位の university，第 13 位の lot，第 14 位の very，第 15 位の English，第 16 位の life，第 18 位の want です。とくに第 4 位の university の高頻度が目立ちます。これらを減らす場合も，このような内容語は繰り返す必要があるのか，名詞は代名詞で置き換えられないか，他の表現で置き換えられないかという視点で英文を見直すことが必要です。

there の使用頻度が高い

"My University Life"では there は 11 回使われ，使用頻度が高く 12 位となっています。しかし，「BNC 書き言葉」でも「BNC 話し言葉」でも there は 45 位となっています。しかも 11 回の there のうち，6 回も there are a lot of ... の構文で使われています。例えば，次の (6a), (7a), (8a) は，(6b), (7b), (8b) のように書き換えることができます。

(6) a. because there are a lot of reasons.
    b. because I have several reasons.
(7) a. because there are lot of good teachers
    b. because we have many good teachers
(8) a. There are a lot of good institutions
    b. You find a lot of good institutions

with の使用頻度の低さ

前置詞 with は「BNC 話し言葉」では使用頻度がそれほど高くはありませんが,「BNC 書き言葉」では 13 位と高い使用頻度を示しています。一方, "My University Life" では 4 回だけで 46 位となっています。4 回の使用のうちすべて「〜と一緒」の意味で使われ, 3 回は talk with のコロケーションで使われています。ネイティブ・スピーカーの場合,「〜と一緒」だけでなく, 下記の例文に見られるように「〜に関して」という意味で使われる場合が多く見られます。

(9) I was happy with the meal and service.
(10) The teacher is popular with his students.

(9) の英文の意味は「食事とサービスに満足した」,(10) は「その先生は生徒に人気がある」です。この with の用法を確認して, 試みとして自分の英作文の中で使ってみることを勧めます。

以上, "My University Life" の英文を AntConc の【Word List】を使って, BNC と比較しながら, 5 項目にわたって問題点を見てきました。次にコンコーダンスを使って英作文を自己診断してみましょう。

15.2.3 【Concordance】を使って自己診断

日本人の書く英語で必ず指摘されるのは語りの論理性の希薄さです。文と文, 節と節をつなぐ論理が弱い点です。とくに, 接続詞の使い方には注意が必要です。自分の英文は論理的なつながりを持って書かれているかどうか【Concordance】を使って調べてみましょう (使い方は 12.3.1)。

まず but のコンコーダンスを作成し, その使い方を観察してみましょう。

接続詞 but の基本的な使い方は「逆接」です。「逆接」とは, 前に述べたことから予測されることとは異なったことを述べることです。では, 次の (11) の例はそのような使い方になっているでしょうか。

```
Concordance | Concordance Plot | File View | N-grams | Collocates | Word List | Keyword List

Hit | KWIC                                                                          | File
1   | university life is very busy but I enjoy it very much. There are a           | Essay2.txt
2   | things in my university life. But I like the university very much be         | Essay2.txt
3   | eport. So I am very busy now, but I do my best. If I had more time,          | Essay2.txt
4   | of people who I didn't know. But we made friends soon. I was very g          | Essay2.txt
```

図1　but のコンコーダンス

(11) There are a lot of happy and hard things in my university life. But I like the university very much because there are a lot of reasons.

「大学生活には楽しくて辛いことがたくさんある。しかし，大学が好きです」において，「辛いことがたくさんある」だけだったら「逆接」は成立したでしょうが，「楽しいことがたくさんある」に対しては「逆接」は成立しません。

次の (12) の but はどうでしょうか。

(12) So I am very busy now, but I do my best.

「とても忙しい」という事実から予想される反対のことは「最善を尽くす」でしょうか。「忙しいので最善を尽くす」でしょうか。逆接の but を使う場合には，我々日本人学習者は論理性に気をつける必要があります。

次に接続詞 because ですが，これはネイティブ・スピーカに比べ日本人の英語学習者が多用する語です。

"My University Life" の場合は，1,000 語あたり 10 回になっていますが，BNC 全体のコーパスでは，1,000 語あたり 0.7 回，話し言葉コーパスに限定しても 1.8 回です。さらに，日本人学習者の場合，接続詞 but と同様，その使い方に論理性が欠如している場合があります。図2（次ページ）の 6 行目の文は次のようになっています。

第 15 章　AntConc を使った英作文の自己診断と自己添削法　193

```
Concordance | Concordance Plot | File View | N-grams | Collocates | Word List | Keyword List
Hit  KWIC                                                                              File
1    like the university very much because there are a lot of reasons.Fir  Essay2.txt
2    The environment is very good because there are a lot of good teache  Essay2.txt
3    ed whether I can make friends because there are a lot of people who  Essay2.txt
4    t first, I was very surprised because this university is larger than  Essay2.txt
5    on. They are very comfortable because there are air conditioners. My  Essay2.txt
6    ry them.Also I like library    because I can read a lot of books, mag  Essay2.txt
```

図 2　because のコンコーダンス

(13) a. Also I like library because I can read a lot of books, magazines and newspapers.

この英文の because の使い方は間違いとは言えませんが，論理的には次のように関係詞 where を使う方が英語的ではないでしょうか。また，この library は大学の図書館ですので，定冠詞 the が必要です。

(13) b. Also I like the library, where I can read a lot of books, magazines and newspapers.

次の because の使い方はどうでしょうか。

(14) a. At first, I was very surprised because this university is larger than I expected.

この because も間違いとは言えないのですが，次のように書く方がより英語的でしょう。

(14) b. At first, I was very surprised to know that this university was larger than I expected.

15.2.4　n-gram の作成機能を使って自己診断

次に，AntConc の n-gram の作成機能を使って，どのような表現が繰り返し用いられているか見てみましょう（使い方は 12.3.2）。次のリストは，4 語連続の表現で，3 回以上使われているすべての表現です。かっこの中の数字は使用回数です。

> are a lot of (6), there are a lot (6), I will tell you (4), will tell you about (4), a lot of good (3), because there are a (3), tell you about my (3).

4 語連続の n-gram を 5 語連続にすると次のような表現が 3 回以上繰り返されています。

> there are a lot of (6), I will tell you about (4), because there are a lot (3), will tell you about my (3)

5 語連続と 4 語連続のデータから分かることは，"My University Life" の英文には，よく使われる表現として 3 つのパターンが見られるということです。(1) a lot of を中心にした表現，(2) I will tell you を中心とした表現，(3) because there are を中心とした表現です。

それでは 3 語連続の表現で，上記の 3 つのパターン以外の表現で繰り返し使われている表現を見てみましょう。n-gram の機能を使い，3 つのパターンを除くと，次のものが繰り返し使われていることが分かります。

> I want to (8), and so on (5), my university life (5), in the university (4)

これらの表現もまた，必要な表現なのか，他の言い換えはないのかを考える必要があります。

基本的には，このような繰り返し使われている表現はできるだけ別の表現に置き換えましょう。少なくとも，同じ段落ではこのような4語や5語の連続した表現は避けて下さい。

15.2.5 【Collocates】と【Concordance】を使って自己診断

Word Listで高頻度だった1人称代名詞Iや強意副詞veryのコロケーションを見てみましょう。AntConcの【Collocates】の機能を使って(12.3.2) 代名詞Iのコロケーションを調べると次のような結果になります。

このコロケーション作成機能の結果から，56回の1人称代名詞Iは次のようなコロケーションで使われていることが分かります。4回以上使われている場合を列記します (図3)。

　　I (56): I want (8), I can (7), I will (5), I am (5), I was (4), So I (4), I have (4)

【Concordance】の機能を使って8回使われているI wantを表示すると，I want to DVDを除いては，7回はすべて「I want to＋動詞」となっています。決まったパターンがここにも見られます。他の表現はないで

Rank	Freq	Freq(L)	Freq(R)	Collocate
1	56	0	0	I
2	8	0	8	want
3	7	0	7	can
4	5	0	5	will
5	5	0	5	am
6	4	0	4	was
7	4	4	0	So
8	4	0	4	have
9	3	0	3	study
10	3	3	0	so

Total No. of Collocate Types: 60　Total No. of Collocate Tokens: 168

図3　1人称代名詞Iのコロケーション

しょうか。例えば，次の (15a), (16a) は, (15b), (16b) のように書き換えることができます。

(15) a. I want to improve my English skill.
　　 b. I would like to improve my English skill.
(16) a. I want to study hard more and I want to enjoy my university life.
　　 b. I intend to study harder to enjoy my life.

(16b) の hard more に関しては，このような表現が可能かどうかは，BNC を使って確認する習慣をつけるように生徒や学生を指導します。my university life は，何度も使われているので，my life で「大学生活」を意味していることは分かります。

次に強意副詞 very のコロケーションを見ていきましょう。1人称代名詞 I と同じように見ていくと，この英文の very のコロケーションは次のようになります。

very (10): very busy (2), very much (2), very comfortable, very glad, very good, very hard, very kind, very surprising (各1)

ここで使われている very はほんとうに必要か。他の副詞は考えられないのでしょうか。例えば，コロケーション辞典や BNC を使って調べてみると，上記の形容詞の副詞として，so, quite はいずれの形容詞に対しても使うことができます。また，comfortable の副詞としては他に extremely, fairly, reasonably が，surprising に対しては，rather, really, particularly なども使うことができます。

15.3　おわりに

最後に，これまで述べてきた問題点も含めて，AntConc を使った英作

文のチェックポイントを，次のように Key Points 10 としてまとめてみました。ぜひ参考にして下さい。

1. 【Word List】で高頻度語彙を調べる。
   (a) 1番と2番目の語は何か。
   (b) 冠詞 the と a は何番目か。その使い方を【Concordance】でチェック。
       不定冠詞 a の使い方は間違っていないか。
   (c) 前置詞 of, in, for を調べる。
   (d) 前置詞 with を調べる。
2. 【Word List】で内容語を調べる。
   (a) 最も頻度の高い語は何か。
   (b) 代名詞で言い換えられないか。it, they など。
   (c) 本当に必要か。
3. n-gram を使って繰り返し表現を確認。
   (a) どのようなくり返し表現があるか。
   (b) 代名詞か他の表現で置き換えられないか。
   (c) 本当に必要か。
4. 定冠詞 the を増やせないか。
5. 1人称代名詞 I は多くはないか。代名詞 you, we, they で言い換えられないか。あるいは，他の表現で表現できないか。
6. but の使い方はそれでいいか。
7. 他の接続詞の使い方はそれでいいか。and, because, though など。
8. 副詞はどの程度使っているか。very を使いすぎてはいないか。very を他の表現で置き換えられないか。
9. 関係代名詞 which や関係副詞 where, how などをもっと使えないか。
10. コロケーションの使い方は正しいか。BNC を使って確認しよう。「形容詞＋名詞」「副詞＋形容詞」「副詞＋動詞」を中心に。

発展編

第16章　コーパス活用のための統計処理

16.1　はじめに

　前章までで，ツールを使ってコーパスを分析する方法とその応用面について紹介しました。本章では，コーパスをさらに活用するために，ツールを使って得られた数値を使い，どのような統計的な方法で分析が可能であるかを見ていきましょう。

16.2　統計的な方法

　「統計」と聞くと身構えてしまうかもしれませんが，統計の目的は，複雑な現象を数量的に分かりやすく表すことにあります。そのため，統計的な方法を用いれば，コーパスのように大規模で複雑な資料から得られたデータを，効果的に分析し解釈することが可能です。

　統計的な方法は大きく2つに分類できます。1つ目は「記述統計」と呼ばれるもので，手元のデータを説明することを目的とします。例えば，平均値やデータの散らばり度合いを示す指標として用いられることが多い標準偏差などがそれに当たります（教育現場で耳にすることの多い「偏差値」は標準偏差を使って，50が平均になるように換算したものです）。また，データを図や表にまとめて分かりやすく提示することも，データを「記述」することから，記述統計の一部であると考えられています。

　図1（次ページ）は，高校1年生のある英語教科書1レッスン分の読みやすさ（readability）を，Microsoft Word の文章校正のオプションにある「読みやすさを評価する」を使って得た結果です。［Averages］を見てみると，［Sentences per Paragraph］（1段落中の平均文数）は3.4であるた

め，1つの段落に3.4文が含まれていることが分かります。［Words per Sentence］（1文中の平均単語数）は，平均12.4語です。中学校の英語教科書では，1文に10語以上含まれていることは稀ですから，高校教科書になると1文が長くなるということがこの結果から分かります。［Readability］には，受動態を含む文の割合や，1文あたりの平均単語数と100単語あたりの平均音節を基に計算している［Flesch Reading Ease］，そして［Flesch-Kincaid Grade Level］が表示されていて，難易度の確認ができます。これらの値を使えば，他のテキストとの難易度の比較が可能です。そのため，「自分の学校で使っている教科書の英文は，他の教科書や入試問題で使用されている英文とどの程度，難易度が違うのだろうか？」という疑問にも答えることができます。このように，記述統計により，手元のデータを分かりやすく確認することができるのです。

　統計的な方法の2つ目は，「推測統計」と呼ばれるもので，記述統計が手元のデータを説明することを目的としているのに対して，推測統計は母集団の様子を推測することを目的とします。例として，選挙結果を予測するために，出口調査を行う理由を考えると分かりやすいと思います。出口調査で投票者全員（母集団）に対して誰に投票したのかを聞くのは現実的

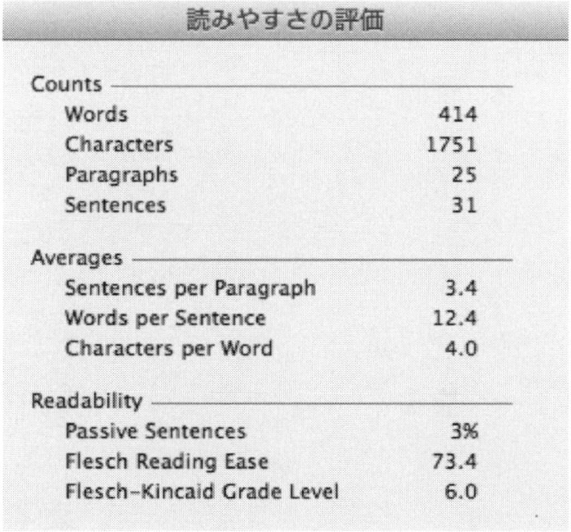

図1　Microsoft Wordの読みやすさの評価

ではないため，一定数の投票者（標本）に対して調査し，そこから全体像を推測するという方法を用います。コーパスでの例を挙げると，日本の大学入試の英語問題の過去問をすべて揃えてコーパスにした場合には，それが「日本における大学入試英語問題」母集団であるので，推測統計は必要ありませんが，すべての大学のすべての学部の英語入試問題をコーパス化するのは容易なことではありません。そこで，一部をコーパス化し，そこから全体像を推測するという目的で推測統計を用いることができるのです。図2に示すように，推測統計では，全体である母集団からの無作為抽出を行い，一部から全体を推測するという手順を想定しています（実際には，無作為抽出されていない場合もありますが，統計学の応用分野の多くでは容認されています）。

このように，コーパスの分析においても推測統計が用いられることがあり，数多くの手法が存在していますが，主に (a) 相関を使い関係を探るものと，(b) 頻度や点数の差があるかどうかを調べるものの2つが目的に応じて使用されます。そこで本章では，最も基本的な手法である (a) に分類される相関分析と，(b) の頻度に差があるかどうかを調べるカイ二乗検定

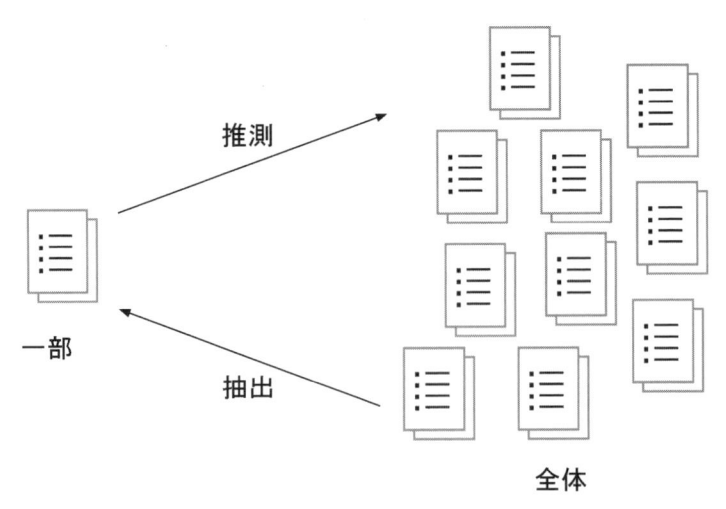

図2　標本と母集団のイメージ

を紹介します。

16.3　関係を探る（相関分析）
16.3.1　相関係数

　相関分析は，あるコーパスと別のコーパスとの関係や，勉強時間とテストの点数など，2つの関係を数量的に表すことができる方法です。例えば，英作文（エッセイ）の課題を出して，より多くの語数（総語数）を書ける学習者は，エッセイの得点も高い傾向があるというのは，十分に考えられることです。そういうときに相関分析を用いれば，エッセイの総語数とエッセイの得点を1つの指標で示すことができるため，関係性を客観的に証明することが可能になります。

　その他にも，教科書で使用されている語の難易度と入試などのテストで使用されている語の難易度，生徒の入学時と卒業時の学力の関係，生徒の理解度と教員の指導技術との関係など，コーパスの分析以外でも，何かと何かの関係を探る場合には常に相関分析が用いられます。

　比較している2つのものの関係性は相関係数（correlation coefficient）で，-1から$+1$の範囲で表されて，一般的に表1のような基準で解釈されます（相関係数の解釈は比べるものによって異なるため，これが絶対的な基準というわけではありません）。

　実例で見てみましょう。表2（次ページ）は架空のデータですが，学習者10名の英文エッセイの総語数と英文エッセイの点数をまとめたものです。エッセイの総語数と点数を見比べてみると，エッセイの総語数が多い学習

表1　相関係数の一般的な基準

相関係数	解釈
±.70–1.0	強い相関関係がある
±.40–.70	中程度の相関関係がある
±.20–.40	弱い相関関係がある
±.00–.20	ほとんど相関関係がない

者は，エッセイの点数も高い傾向があるようです。

　そこで，図3のように Microsoft Excel で，correlation（相関）を表す correl という関数を使い，それぞれの点数を選択すれば，相関係数の計算ができます。この例では，相関係数は 0.8045... という値が得られるため，「強い相関関係がある」と考えられます。そこで，英文エッセイの総語数

表2　学習者10名の英文エッセイに関するデータ

氏名	英文エッセイの総語数	英文エッセイの点数（Max=10）
大城　修	168	3
小関　彰	368	10
加瀬　渚	244	7
坂井　紀幸	328	5
高谷　萌	260	5
土屋　璃子	328	6
徳田　結	304	5
中西　比奈	360	8
的場　学	288	6
村木　里香	184	2

	A	B	C
1	氏名	英文エッセイの総語数	英文エッセイの点数
2	大城 修	168	3
3	小関 彰	368	10
4	加瀬 渚	244	7
5	坂井 紀幸	328	5
6	高谷 萌	260	5
7	土屋 璃子	328	6
8	徳田 結	304	5
9	中西 比奈	360	8
10	的場 学	288	6
11	村木 里香	184	2
12			=CORREL(B2:B11,C2:C11)
13			

図3　Microsoft Excel による相関係数の計算

と英文エッセイの点数には関係があるのではないかという解釈が可能になります。相関係数は小文字イタリックの r で表され，通常，小数点以下2桁（もしくは3桁）で報告されます。また相関係数は1を越えることはないので，"0.80" ではなく，".80" という表記になり，上記の例では $r = .80$ となります。

16.3.2 散布図

相関係数を報告するときには，散布図も併せて確認すべきです。Excelでは入力したデータの範囲を選択し，グラフのメニューから［散布図］を選択すれば作成が可能です。図4は相関係数と対応する散布図の例で，上段はエッセイの総語数（横軸：x 軸）と英語習熟度（縦軸：y 軸）の関係を示していて，散布図の右に行くごとにエッセイの総語数と英語習熟度の関係が強くなることが確認できます。また，下段はエッセイ中のエラー数（横軸）と英語習熟度（縦軸）の関係を示していて，散布図の右に行くごとにエラー数が多ければ，英語習熟度が低い（そして，エラー数が少なれば，英語習熟度が高い）という関係が確認できます。

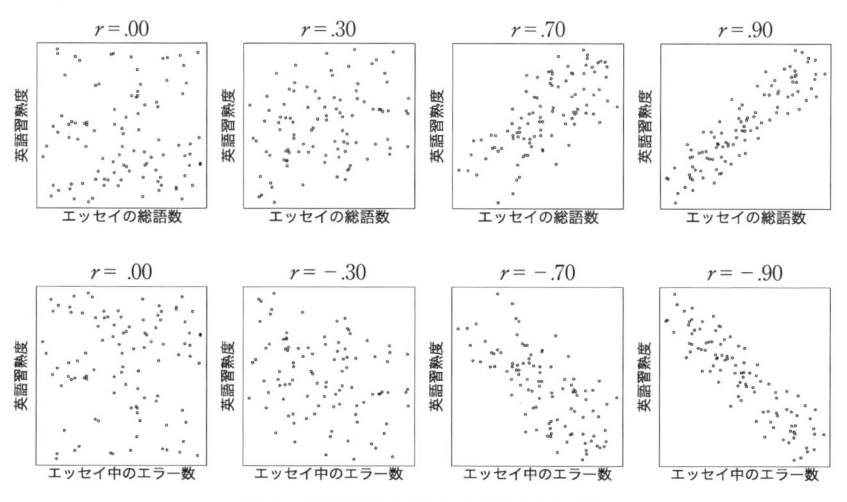

図4　相関係数と対応する散布図の例

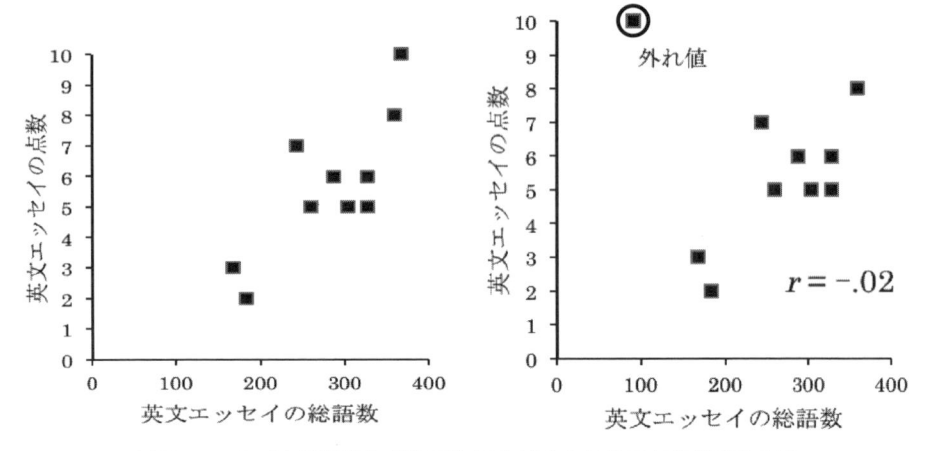

図5 エッセイの総語数と点数の散布図（左）と外れ値を含む場合（右）

　図5の左側は表2のデータを使って散布図を作ったものです．散布図はExcelで，対象とする列（今回の例では図3のB1：B11とC1：C11）の範囲を指定し，「グラフ」の中の「散布図」を選べば作図できます．x軸は英文エッセイの総語数，y軸は英文エッセイの点数となっており，右肩上がりになっていることからも，エッセイの総語数が多ければ，点数が高くなっている（その逆も然りである）ことが分かります．

　散布図はデータの関係性を直感的に確認できる他に，図5の右側のように外れ値を含んだデータであった場合には，その検出に有効です．この図では，エッセイの総語数が少ないにもかかわらず，英文エッセイの点数が高いという外れ値を含んでいるため，全体の相関係数が $r = -.02$ という低い値となっています．相関係数のみを見て，「相関関係はまったくない」という判断を下してしまう可能性もあるため，このように散布図も作図してデータの様子を確認すべきであることが分かるでしょう．

16.3.3　相関分析で注意すること

　相関分析では，比べている2つのもの（変数）の関係を数量的に表すことができますが，因果関係の方向性までは分からないため，「英文エッセ

イの総語数が英文エッセイの点数の原因となっている」ということまでは主張できません。そのため，主張できることは「関係がある」ということだけなので注意が必要です。

また，この例では10名だけのデータで相関分析を行っていますが，サンプル・サイズ（人数，ケース数，標本などと呼ばれるもの）は多い方がより正確な結果を得ることができます。一般的に相関係数が低い場合には，正確な結果を得るために，より大きなサンプル・サイズが必要になり，相関係数の値が高い場合には，サンプル・サイズは小さくても大丈夫です（相関係数が0.5の場合，サンプル・サイズは30程度必要です）。

最後に相関係数の種類について言及しておきます。一般的に相関係数といえば，ピアソンの積率相関係数を指し，本節の例でもピアソンの積率相関係数を使用しています。しかし，コーパスのデータでは，順位を含むものも多く，その場合には，本書では扱いませんがスピアマンの順位相関係数という別の相関係数を用います。また，ピアソンの積率相関係数を適用できるデータであっても，外れ値を含む場合や，サンプル・サイズがかなり小さい場合には，スピアマンの順位相関係数を用いることもあります。

16.4　頻度に差があるかどうかを調べる方法（カイ二乗検定）

前節では，「関係を探る」相関分析を紹介しました。以下では，「頻度に差があるのかを調べる」ために使われる方法のうち，カイ二乗検定を説明します。

どのような場合に，頻度に差があるのかを調べる必要があるかを考えてみましょう。例えば，語彙を教えるときに，一般的な英語や，入試のような学習者が目標としているテストでの頻度が低い（あまり使われない）語彙に時間を費やすことは，コストに見合わず，効果が期待できません。そのような語彙がどのようなものであるかは，英語教師であれば，ある程度，経験則で分かっていますが，教科書コーパスでの頻度と，一般的な英語を集めたコーパスでの頻度に差があるかどうかを調べれば，客観的に「あまり使われない語彙である」ということが確認できます。

あるいは，日本人英語学習者が書いた英文エッセイで，"It goes without saying that ..."（…は言うまでもなく）のような，受験のときに覚えた表現を，英語母語話者よりも多用しているかもしれないというような場合に，それが実際にデータで証明できるかどうかを確認することも，頻度に差があるかどうかを調べることによって可能です。

16.4.1 語の数え方

カイ二乗検定の説明の前に，コーパスから得られた語（やフレーズ）の頻度の数え方について確認しておきましょう。例えば，以下のような1文があった場合，Microsoft Word の文字カウント機能では，単語数は14となります。

I don't know the title of the book you were reading the other day.

AntConc でワードリストにしてみると，don't は don と t の2つに分けられて15語となります（次ページ図6の Word Tokens）。このように数えて得た語の総数を「総語数」(token) と呼びます。また，the は3回出現しているため，異なり語 (type) として数えた場合には，13語になります（図6の Word Types）。

なお，第1章でも説明しましたが，don't を do と not の2語としたり，were を be にすることによって，基本形にまとめることをレマ化 (lemmatization) と呼びます。その他に，know という基本形に，knows, knew, known, knowing, knowledge, knowledgeable, unknown というような派生語，活用語をすべて含めて1語と数える方法は，ワードファミリー (word family) と呼ばれます。このように，語の数え方は，方法によって大きく異なり，ツールによっても変わってくるため，どのツールを使って頻度を出したのかということは，統計結果を発表する際などは必ず報告すべきでしょう。

あるコーパスから得られた語の頻度そのままを粗頻度 (raw frequency)

```
Word Types: 13      Word Tokens: 15
Rank  Freq  Word
1     3     the
2     1     book
3     1     day
4     1     don
5     1     i
6     1     know
7     1     of
8     1     other
9     1     reading
10    1     t
11    1     title
12    1     were
13    1     you
```

図6　AntConc の Word List

と呼びます。そして，その語が他のコーパスでの頻度と比べて多いか少ないかを考える場合には，そのままではコーパスのサイズに違いがあれば比較ができないため，2つのコーパスを同じ総語数と見なして比較しなければならなくなります。その調整によく使われる方法としては，PMW (per million words: 100万語あたりの頻度) があります。

それでは，粗頻度と PMW の比較として，表3（次ページ）の例を考えてみましょう。中高で使われている英語教科書を一部コーパス化し（総語数476,591語），Japan と Japanese の両方が使われている頻度を AntConc で調べたところ，681回でした。そして，BYU-BNC（総語数1億語）で同じように Japan と Japanese の頻度を調べたところ，12,107回でした。このまま比較すると，コーパスの総語数が違いすぎるため正確な比較にはなりません。そのため，PMW を使って頻度調整したものが表3右側です（PWM の計算は，具体的には中高教科書の場合，1,000,000 / 476,591 × 681 で行います）。

その結果，100万語中では，中高教科書コーパスでは1,428.90回で，BNC では121.07回と，BNC と比べて10倍以上，日本の中高教科書では Japan と Japanese という語の使われている頻度が高いことが分かります。日本の英語教科書では，日本国内の内容や，他文化との比較を行って

表3　2つのコーパスでの頻度比較

	粗頻度		PMW	
	中高教科書	BNC	中高教科書	BNC
Japan|Japanese	681	12,107	1,428.90	121.07
総語数	476,591	100,000,000	1,000,000	

いる英文が多いために，JapanとJapaneseがより多く使われているのかもしれないという解釈が可能です。

16.4.2　カイ二乗検定

　前節のJapanとJapaneseの2つの語が，中高教科書でBNCよりも多く使用されているということは，PMWを見れば違いが明らかでした。しかし，頻度の差があまりないような場合は，手元のデータ（コーパス）の頻度の違いが全てのデータ（母集団）を収集した場合にも反映されるかを検討する必要があります。そのような場合に，頻度の差の統計的検定であるカイ二乗検定（chi-square test）を用いれば，客観的な判断が可能になります。

　表4は中高教科書とBNCにおけるteaの頻度をまとめたものです。BNCはイギリス英語を集めたコーパスですので，紅茶（tea）が中高教科書よりも多く使われているのではないかと推測できます。ここでは説明を分かりやすくするためにteaを取り上げていますが，「日本の中高教科書では，日常会話で頻繁に使われる語があまり入っていない」という一般的な意見を検証するために，別の語で頻度を比較してみることももちろん可能です。

表4　2つのコーパスにおけるteaの頻度

	中高教科書	BNC
tea	94	7,942
tea以外	476,497	99,992,058

第 16 章　コーパス活用のための統計処理　211

　カイ二乗検定は PMW ではなく，粗頻度を用いて分析します（パーセンテージになっている場合には頻度に戻します）。tea 以外の語の頻度を分割表に含めることによって，総頻度が分かります。その総頻度から期待される頻度と，実際の頻度がどれくらい違うかということを確かめているのがカイ二乗検定のロジックです。

　カイ二乗検定は，Microsoft Excel でも計算が可能ですが，ここではオンライン（ブラウザ）上で簡単にカイ二乗検定ができる，js-STAR（図 7）を使って説明していきます。ちなみに，js-STAR はダウンロード版も無償で提供されていて，操作はオンライン版とまったく同じです（http://www.kisnet.or.jp/nappa/software/star/）。

　まず，js-STAR のトップページの左メニューから，①i×j 表（カイ二乗検定）を選択します。次に，②縦（行）と横（列）の数を設定します。こ

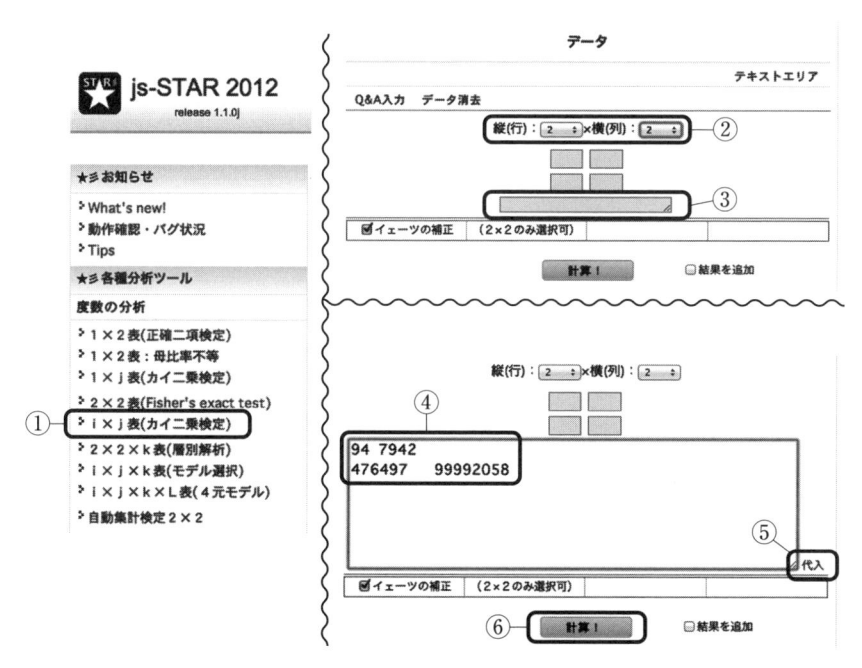

図 7　js-STAR によるカイ二乗検定の実行方法

こでは，表4のように2×2の分割表なので，それぞれ2になります。js-STARでは直接データ入力を行えるので，③のボックスをクリックすると，④のようにMicrosoft Excelなどの表計算ソフトをそのままコピーアンドペーストできるので貼り付けます。そして⑤［代入］をクリックし，⑥［計算！］で結果が出力されます。

このようにして計算された結果が図8です。「カイ二乗検定の結果」を見てみると，$\chi 2(1) = 80.859$, $p < .01$ と表示されています（χはギリシャ文字で「カイ」と読みます。「エックス」ではありません。また，$\chi 2$の2は2乗を示します。実際には，χ^2となります）。$\chi 2(1) = 80.859$は，「カイ二乗値」を示しており，このような分割表で，期待される値と実際の値の違いが大きいほど，カイ二乗値も大きくなります。$p < .01$のp（小文字イタリックで表記）は，probabilityの頭文字であり，確率を表しています。p値は1を越えることはないので，相関係数（r）と同じように（16.3.1参照），$p = .05 / .01 / .001$という表記となり，それぞれ，5%，1%，0.1%を表します。カイ二乗検定のような統計的検定で「有意差がある」と判断するのは，一般的にp値が.05以下（$p < .05$）の場合であるため，今回の$p < .01$という結果は，「中高教科書とBNCにおけるteaの頻度に統計的な有意差がある」ということを示しています。p値は，あくまで確率であるため，

```
「カイ二乗検定の結果」
（上段実測値、下段期待値）
-----------------
94        7942
38.117    7997.88
-----------------
476497         99992058
476552.    9999200

x2(1)= 80.859 , p<.01
Phi=0.000
```

```
「  実測値と残差分析の結果  」
-----------------
 94  ▲   7942   ▽
476497   ▽   99992058  ▲
-----------------
（▲有意に多い、▽有意に少ない、p<.05）
```

図8　js-STARによるカイ二乗検定と残差分析の結果

$p < .05$ よりも $p < .01$ の方が,「差が大きい」ことを示しているというわけではありません。

　カイ二乗検定で統計的に有意な差があると確認された場合,js-STAR では,どこに（どのセル間に）その差があるのかを調べる方法である残差分析まで行ってくれます。図8の右側を確認すると,中高教科書での頻度94回の方が,BNC での頻度 7,942 回よりも,統計的に有意に多いということが示されています。この結果により,tea という語が,中高教科書よりも BNC でより多く使われているのではないかという推測は正しくなかったということが分かります。

　上記の例のように,元々,比較するコーパスの総語数に大きな違いがあり,小さなコーパスと大きなコーパスを比較するときには,カイ二乗検定よりも,コーパスサイズの違いを反映することができる対数尤度比（log-likelihood ratio）が使われることも多くあります（対数尤度比は G^2 と表記し,G スコアと呼ばれる場合もあります）。そのため,本書で紹介しているAntConc のようなコンコーダンサーでも,キーワード（特徴語）を抽出する方法のデフォルトは対数尤度比になっています。対数尤度比の計算はカイ二乗検定と似ていて,Log-likelihood calculator (http://ucrel.lancs.ac.uk/llwizard.html) で算出可能です。

　ここで少しだけ統計指標について紹介しておきます。上記の対数尤度比は特徴語の検出の他に,「ある特定のコロケーションが,いかにそのコーパスにおいて特徴的に使用されているかを示す指標」としても使われることがあります。AntConc では,コロケーション検出の統計指標として,対数尤度比ではなく,相互情報量（Mutual Information：以下「MI」）と T スコアの2種類が用意されています。MI はコロケーションが低頻度であっても特徴的なものを検出する指標で,名詞に対する,動詞または形容詞,形容詞に対する副詞などの共起語を調べるのに適しています。一方,T スコアは確率的に高頻度であるコロケーションを検出する指標で,動詞や形容詞がどのような機能語と共起するか,つまり動詞や形容詞の文型を調べるのに適しています（17.2.2 も参照）。

16.4.3 効果量（オッズ比）

カイ二乗検定のみならず，統計的検定はサンプル・サイズが大きくなれば，実質的な差がなくても $p < .05$（有意差あり）となってしまう欠点があります。そこでサンプル・サイズによらない指標である効果量（effect size）も確認しておきましょう。カイ二乗検定の効果量として，いくつかの指標が存在しますが，本章のように 2×2 の分割表を用い，あるコーパスでの語の頻度が他のコーパスでの頻度よりも多いかを調べたい場合には，オッズ比（odds ratio）が有効な指標となります。

ここでのオッズとは，ある語の頻度を，それ以外の語の頻度で割ることによって計算される比率のことです。表4の2つのコーパスにおけるteaの頻度を例に考えてみると，以下の (1) と (2) のようにすれば，それぞれのコーパスでの tea が使われるオッズが計算できます。オッズ比はそれぞれのコーパスでのオッズを使い，(3) のように計算することで算出が可能です。

(1) 中高教科書でのオッズ $= \dfrac{\text{tea の頻度 (94)}}{\text{tea 以外の語の頻度 (476,497)}}$

(2) BNC でのオッズ $= \dfrac{\text{tea の頻度 (7,942)}}{\text{tea 以外の語の頻度 (99,992,058)}}$

(3) オッズ比 $= \dfrac{\text{中高教科書でのオッズ}}{\text{BNC でのオッズ}}$

この例の場合，オッズ比は 2.48 となり，中高教科書で tea が使われるオッズは，BNC でのオッズよりも 2.48 倍高いということになります（オッズ比が1であれば差がないことを意味します）。オッズ比は0が下限ですが，もしオッズ比が1を下回れば，参照としている BNC でのオッズの方が高い，つまり tea は BNC でより使われやすいという解釈になります。

このように，効果量としてオッズ比を用いれば，前述のサンプル・サイズのように統計的検定に付随する問題を回避できるだけでなく，実質的な

差の解釈が可能になり，結果を効果的にサポートすることができます。そのため，オッズ比も統計的検定とともに確認すべきです。

16.4.4 カイ二乗検定で注意すること

カイ二乗検定は，期待される頻度（期待値，期待度数）が5以下のセルがある場合は，フィッシャーの正確確率検定と呼ばれる検定を使う必要があります。また，同一学習者のデータを中学校入学時と中学校卒業時で比べるような場合には，データに繰り返しが生じるため，カイ二乗検定ではなく，マクネマー検定という別の分析方法を用います。これら2つの方法については，本章で紹介したjs-STARで分析が可能です。詳細については，中野・田中（2012）を参照して下さい。

頻度や度数の統計的検定は，カイ二乗検定を基本としますが，データの種類によっては，点数の比較や，順位の比較を行いたい場合があるでしょう。そのときには，データの種類や研究の目的に応じた検定を行わなければなりません。

16.5 おわりに

本章ではコーパス活用のための統計処理として，関係を探る目的で使用される相関分析と，頻度に差があるのかを調べるカイ二乗検定を紹介しました。これらの統計的な方法を用いれば，これまで主観的にしか判断できなかった事象について，数値による客観的な判断が可能になります。しかし，それらの数値の持つ実質的な意味や解釈については，コンコーダンスラインなどで，数値の基となっているデータを確認しなければわかりません。

コーパスの分析で統計的な方法を用いるときには，得られた結果の意味を元のテキストに戻って解釈するように心がけましょう。

第17章 コーパスをより良く活用するために

17.1 はじめに

本書の基礎編と実践編で，コーパス活用法の全体を理解できる構成になっていますが，コーパスをより効果的に活用するためには，もう少し高度な知識と技能が必要になります。本章ではそのような発展的知識とツールの使い方について紹介します。なお巻末にはコーパス活用に役立つ読書案内を添えました。併せて参考にして下さい。

17.2 コーパス活用のための発展的知識
17.2.1 CEFRとは

CEFRはCommon European Framework of Reference for Languagesの略です。2002年に欧州評議会の外国語教育政策部門でEU圏内の外国語教育のカリキュラム開発と評価にCEFRを共通枠組として用いることが正式採用されて以来，欧州を中心に利用が促進されてきています。コーパス言語学の分野では特に学習者の会話や作文コーパスを構築する際に学習レベルをCEFRレベルで表示することが一般的になってきています。

CEFRは大きくAレベル (Basic User)，Bレベル (Independent User)，Cレベル (Proficient User) の3レベルに分けられ，その各レベルがA1，A2のように2レベルに細分化されます。その各レベルに対して，スキル領域として，聞くこと・読むこと・話すこと（やりとり）・話すこと（発表）・書くこと，の5技能の領域で詳細なCAN-DOディスクリプタ（ことばを使って何ができるかを記した能力記述文）が用意されています。日本でもこのCEFRを背景に，中学・高校でのCAN-DOリストの作成や，英

語教育への応用を想定したCEFR-Jの開発などが始まっています。CEFR-Jについては投野 (2013) を参照して下さい。

コーパスでCEFRレベルに準拠した最大のものはCambridge Learner Corpusです。約4,500万語でCEFRレベル別に検索ができます。ただし，現状ではケンブリッジ大学出版局の社内用資料なので，一般には利用できません。日本ではICCI, ICNALEがCEFRレベルの分類情報を付与しており（両コーパスとも詳しくは 7.3.1），また本書でも紹介しているJEFLL Corpus, NICT JLE CorpusがCEFRレベルに再編成されています。今後ますます世界共通のレベル表示をもった学習者コーパスが増加することが予想されます。

17.2.2 統計指標

この節ではコロケーションの「強さ」を測るための統計指標について説明します。まず表1を見て下さい。表中の頻度はランカスター大学が公開しているBNC*web*で検索した結果を示しています（以下同じ）。

頻度をみると，the discussionのほうが多いことが分かります。しかし，生徒にdiscussionのコロケーションを教えるとしたら，the discussionよりdetailed discussionのほうを選ぶでしょう。これは，「the discussionのほうが頻度としては圧倒的に多いが，detailed discussionのほうが学習者にとっては重要そう」という感覚からくることではないでしょうか。

コーパス言語学では，この「感覚」を数値化する指標が用意されています。代表的な指標の1つであるダイス係数について見てみましょう。表1に登場する単語はthe, detailed, discussionの3つです。これらの単語の頻度をBNC*web*で調べてみましょう。

表1　discussionの共起語

表現	頻度
the discussion	1,225
detailed discussion	77

表2　それぞれの単語の頻度

単語	頻度
detailed	6,401
discussion	8,418
the	6,041,234

　ここでtheの頻度とdetailedの頻度が1,000倍以上違うことに着目して下さい。表1と合わせて考えると，detailedは6,401の出現回数中77回がdiscussionと共起し（約1.2％），theは6,041,234回中1,225回共起しています（約0.02％）。このように考えると，detailedとdiscussionのほうが結びつきは強そうです。これを指数化したものがダイス係数です。ダイス係数の計算では表1（共起頻度）と表2（単語の頻度）の数値を使います。2つの単語AとBのダイス係数は次の式で求められます。

$$\text{ダイス係数} = \frac{A と B の共起頻度}{A の頻度 + B の頻度} \times 2$$

　この式を見るとAとBの共起頻度に対して，AかBのそのものの頻度が大きければ，この数値は小さくなることが分かります。逆に言うと，この数値が大きいほど，AとBの結びつきが強いということになります。なお，2を掛けるのは最大値を1にするためです。表3は，先の2つのコロケーションについてダイス係数を計算したものです。

　この結果，detailed discussionのほうがダイス係数が大きく，結びつきが強いことが数値として明らかになりました。コロケーションの強さを測る指標は，これ以外にも多くあります。代表的なものをいくつか紹介しま

表3　discussionの共起語とダイス係数

表現	頻度	ダイス係数
the discussion	1,225	0.0004
detailed discussion	77	0.0104

す。

　相互情報量（Mutual Information: MI）は，情報量（エントロピー）に基づいた指標で，Aという単語が出現したらBという単語がどの程度の確率で出現するのか（およびその逆）ということを統計的に算出し，その単語の結びつきの強さを測るものです。この指標の特徴はイディオムのように語彙的に結びつきが強いものについて数値が高くなるという傾向があることです。一方，頻度の低い特定のコロケーションに過剰に反応する場合もあります。この場合，そのコーパス中では確かに結びつきが強いことを示しますが，表現自体の重要性を示すものではないので注意が必要です。一般に相互情報量が3以上で，意味のある強さで結びついていることを示すとされています（Hunston, 2002: 71）。

　Tスコアは，実際の共起頻度（AntConcの【Collocates】で算出できます）と期待値（中心語と共起語のコーパス内での総頻度から得られます）を比較してその差が統計的に有意であるかどうかを測るものです。「差」の検定がベースになっていますので，頻度が高いもののほうが値が大きくなる傾向にあり，信頼性が上がります。この性質により，Tスコアは高頻度の語の特徴をあぶり出すのに向いており，語彙的な傾向を明らかにする相互情報量に対して，文法的な特徴（例えば進行形が共起しやすいなど）を明らかにすることができます。この指標はコーパスのサイズの影響を受けますので，そのコーパス内でコロケーションの比較をすることは問題ありませんが，異なるコーパス間でTスコアを比較することはできませんので注意が必要です。一般に2以上で信頼性のある結果であるとされています（Hunston, 2002: 72）。また，Tスコアを少し改変したZスコアという指標もあります。その他の指標や計算式，指標間の比較については石川（2008: 104-120），齋藤他（2005: 131-141）を参考にして下さい。

　どの統計指標を用いるかを決めるには，それぞれの指標の性質を理解し，目的にあったものを選ぶことが重要になります。また，統計指標だけで結論を導かず，コンコーダンスラインを精査したり，それぞれの単語自体の粗頻度を確認することも大切です。

17.2.3　lexical bundle とは

　　lexical bundle はコーパス言語学の中でも比較的新しい，句に関する概念です。bundle とは「束」を意味します。話し言葉や書き言葉の表現には複数の語で構成された「束」のような集まりがあるという考えを表しています。コーパスでの統計分析によって明らかになった会話や文章で，使用頻度が高いフレーズを lexical bundle と呼びます (Biber et al., 1999)。この概念の根底には，話す，書くという表現活動は自由な場当たりの表現よりも，むしろ使用頻度の高い慣習的な表現の繰り返しで構成されているという考えがあります。英語学習者が lexical bundle を学べば，表現の際にその場で文を作ることに気をもむよりも，簡単に発話や作文を行うことができます。lexical bundle とは学習者の発信への不安を和らげる表現なのです。

　　句の構成を規定する概念として lexical bundle はコロケーションとどのように異なるのでしょうか。どちらもコーパス分析での統計結果を基にした高頻度のフレーズではありますが，コロケーションは，複数の語で構成された句が名詞句や動詞句などの文法上のまとまりにおいて1つの意味を成すものを指します。それに対して lexical bundle は，2語，3語，4語という単位で機械的に切り出した高頻度の語連鎖のことで，かならずしも意味上や文法上のまとまりがあるとはかぎりません。第12章で解説した n-gram とほぼ同じことで，AntConc の【Clusters】を使えば抽出することができます (12.3.2)。なお，lexical bundle は本書の第9章と第10章の 10.2.2 の「チャンク」に相当します。

　　実例をあげて説明しましょう。形容詞 broad は名詞 shoulders, mind, daylight とコロケーションを成し名詞句を構成します。broad shoulders が物理的な広さを表す「広い肩幅」であり，broad mind は抽象的な広さを示す「寛大な心」，そして (in) broad daylight は光に満ちたイメージから「白昼，真昼」を意味します。一方 lexical bundle の例は I don't know what, it's going to be, the beginning of the, the way in which のような目的語や補語の一部までも含んだ不完全な句です。lexical bundle のみ

では独立した意味を成さない場合も多くあります。

　Biber et al. (1999: 1001-14) によると，会話では3語や4語から成る lexical bundle が全ての表現の3割近くを占めるとされています。ここでは話し言葉で見られる代表的なものを取り上げます。

　人称代名詞＋動詞の lexical bundle には，後ろに補語節の冒頭部を含む形で I don't know why ..., I don't know what ..., I don't know how ... という句が例としてあげられます。これらの句は，主節となる I don't know の部分で話者の立場，態度，感情，願望などを示し，続く補語節にて関連する情報を伝えています。具体的には，I don't know で「知らない」という立場を明確にし，続く why, what, how 以下で「なぜ，何を，どのように知らないのか」という情報を加えています。このような文頭に頻出する lexical bundle は，発話を促す表現 (utterance launchers) として初級者や中級者が学習するのによいでしょう。会話が不慣れな初中級者ほど，会話の切り出しは難しいものです。lexical bundle のようにある程度，定型化している表現を学べば，円滑に会話を切り出すことが可能となります。

　発話を促す表現には疑問文もあります。疑問詞を含む lexical bundle にも know と want を含むフレーズが頻出します (do you know what, do you know that, do you want to, do you want me)。これらは対話する相手の必要や要望を質問するフレーズです。know や want を含むフレーズに対して，have や got を含む lexical bundle は間接的な要求を示します。例えば，Can I have a little bit please? や Have you got any money with you today? は文字通りに所有の有無を尋ねるのではなく，欲しい気持ちを間接的に表しています。

　書き言葉の lexical bundle でよく用いられるものとしては，論述の流れを整理するディスコース・マーカーとして使用される前置詞を含むフレーズがあり，例として，for the first time, in the first place, in the same way, on the other hand, in the present study, in the next chapter があります。

the 名詞 of the ..., in the 名詞 of ..., as a 名詞 of ... のような名詞と前置詞からフレーズが構成されるものも多く見られます。名詞は場所・大きさ・量という物の特徴を表すものが多く，例えば the shape of the ..., the position of the ..., the size of the ..., the total number of ... などの表現です。他には存在を示す lexical bundle も高頻度で使用されます。例えば the presence of the ... の表現です。対して，抽象的なものを示す the nature of the ..., the value of the ..., the use of the ... という lexical bundle も多用されます。また the development of a ..., the course of the ... など，ある期間内に生じる過程や出来事を示す lexical bundle もよく使われます。

17.2.4　コーパス情報を活かした英和辞典

　コーパスを利用した辞書作りの最初の試みは 1987 年に出版された *Collins COBUILD English Dictionary* (COBUILD) でした。その後，英国の辞典出版はコーパス準拠があたりまえとなり，いわゆる Big 5 と言われる，COBUILD, *Longman Dictionary of Contemporary English* (LDOCE), *Oxford Advanced Learner's Dictionary* (OALD), *Cambridge Advanced Learner's Dictionary* (CALD), *Macmillan English Dictionary* (MED) がコーパス準拠の学習英英辞典として日本の英和辞典編纂に大きな影響を与えるようになります。

　2000 年以降，日本の英和辞典もコーパス利用に関して遅れを取り戻すべくさまざまな試みがされています。日本で利用できるコーパスを活用した英和辞典には，高校初級向けとして『エースクラウン英和辞典』(三省堂)，高校上級から大学・一般向けとして『ウィズダム英和辞典』(三省堂)，一般向けとして『プログレッシブ英和中辞典』(小学館) などがあります。

　コーパスを利用したことによる特徴付けには大きく分けると 3 つあります。1 つは単語頻度による重要度ランキングとそれに伴う情報量のコントロールです。例えば，『エースクラウン英和辞典　第 2 版』ではコーパスに基づき抽出した最重要の 100 語の中の基本語彙がフォーカス・ページとい

う見開きコラムに掲載されています。例えば have を開くと，高校3年時までに身につけて欲しい have の意味・用法がコーパス情報をもとに分かりやすく整理されています。そして CEFR レベルの A1, A2 の単語（約2,400語）には発信語彙としての情報を手厚く提供する代わりに，B1, B2 レベルの4,000語程度は受容語彙を想定して，簡潔な用例しか載せていません。このようなメリハリを付けることで，単語学習を学習者が主体的に判断して学習ストラテジーを活用できる手助けをしています。

2つめは単語と単語の連結，特にコロケーションに関するコーパスからの情報を語法記述や用例に活かしている点です。特にこの点で『ウィズダム英和辞典 第3版』には一日の長があります。「コーパスの窓」という囲み記事，さらに「語法」や「表現」コラムに［コーパス］というコメント文が随所にあり非常に優れた分析がされています。特に副詞の記述が優れており，almost と nearly（見出し almost），deeply が修飾する語，fully が修飾する語，quite の修飾語，副詞＋speaking などを見てみるといいでしょう。

第3に特殊コーパスを活用した記述が増えている点です。『プログレッシブ英和中辞典 第5版』は，学習者コーパスおよびアカデミック英語，専門分野英語のコーパスをそれぞれ駆使したコーパス情報を提供しています。例えば，dissolve という単語ですと，科学技術と社会の2分野を比較して，科学技術領域では「固形物を溶かす」という意味で主として使うのに対して，社会では「組織を解散させる」という意味で使うことが圧倒的に多いことを示しています。このように，専門分野の領域による違いをコーパス分析で浮き彫りにしています。

コーパス分析で現状では難しい技術がいくつかあります。1つは文型・動詞型の頻度を正確にコーパスから算出することです。『プログレッシブ英和中辞典』や『エースクラウン英和辞典』ではそういう試みをすでにしていますが，まだまだデータの精選には時間と労力がかかるでしょう。そしてもっと難しいのは「意味・概念を加味した頻度分析」です。例えば，bank が「銀行」の意味か「土手」の意味かはコンテクストで決まります。

「土手の意味で使っている bank の使用例をカウントして」というような指示が理解できるインテリジェントなコーパス検索ツールができて欲しいものです。そのためには事前に大量の文脈情報を与えて意味の違いをコーパスに学習させるなどの工夫が必要になります。

17.3 コーパス活用のための各種ツール
17.3.1 CasualConc

本書ではコンコーダンサーとして AntConc を推奨していますが，ここで紹介する CasualConc (https://sites.google.com/site/casualconcj/) は，今尾康裕氏作成のフリーの Mac OS X 専用コンコーダンサーです。PDF，HTML，Microsoft Word，リッチテキストなどのファイル形式に対応しているので，Web サイトの HTML で書かれたデータや PDF で公開されている論文や文書，Word で書かれた英作文をそのままコーパス化しても，検索することができます。テキストファイルへのデータ変換の手間を省くことができます。

CasualConc では，一般的なコンコーダンサーで利用できる KWIC 検索，Cluster 検索，n-gram 抽出，語彙頻度の算出機能以外に，コロケーションの検索機能が充実しています。検索語句の前後の文脈を色分けする機能もついているので，コロケーションがより見つけやすくなっています。MI や T スコアといった統計的なスコアを算出する機能もあり，客観的なコロケーション分析ができるようになっています。CasualConc 独自の機能としては，検索した表現でコロケーションと思われるものを視覚化して表示する機能があります。図 1 (次ページ) では effect の前後 4 語の範囲における共起語の結び付きの強さを語の大きさで視覚的に示しています。コンコーダンサーを観察するよりも，より手軽にコロケーションを観察することができるので，教室内で，ある単語がどのような単語と共起しやすいかを見せるための資料として利用できるでしょう。

しかし，授業内でコンコーダンサーを利用させるとなると，利用環境の制限などもあって現実的には難しいケースもあります。そのような場合，

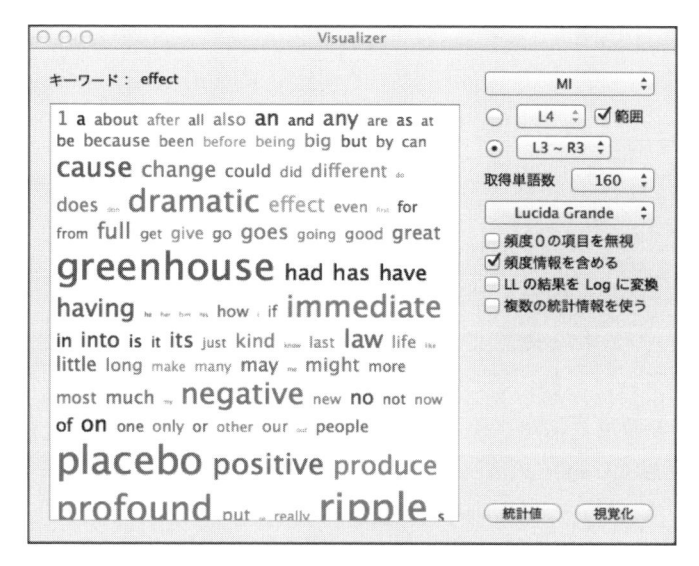

第 17 章　コーパスをより良く活用するために　225

図 1　effect の共起語の視覚化

図 2　CasualConc で make を検索し空欄を作成した結果

　図 2 に示した検索語句を空欄にして出力する機能を利用することで，コンコーダンスラインを印刷し，配布することができます。データからルールを導き出す発見学習の教材として利用できます。

17.3.2　HASHI

本節で紹介するコンコーダンサーHASHI (http://www7b.biglobe.ne.jp/~ryo_tanaka_corpus_tools/) は田中良氏開発の日本語処理に優れた多言語を扱えるWindows対応のフリーウェアです。高度な検索と分析，および柔軟なタグ付けの機能を備えています。特に後者の機能は学習者コーパスを自作するのに便利な機能です。

HASHIの機能は図3で示すとおりです。そのうちコーパスの検索と分析のためのおもな機能としては，［全文表示(Sentence)］(AntConcの【File Viewer】)，［検索語と使われている文脈(KWIC)］(【Concordance】)，［共起語の頻度とスコア(Collocates)］(【Collocates】)，［テキスト前文の語の種類(Freq)］(【Word List】)，［同じ並びの語の数(N-gram)］(【CLUSTERS】，n-gramの作成機能)，［特徴的な語(Keyness)］(【Keyword

図3　HASHIのメニュー画面

List】）があります．AntConc の使用経験のある方は，公開されている詳細なマニュアル（http://www7b.biglobe.ne.jp/~ryo_tanaka_corpus_tools/Manual/HASHI_0.8.10_manual.pdf）を参考にすれば，抵抗なく使用できるでしょう．

　以下コーパスを自作する場合に欠かせない機能である［テキストデータの編集（Edit）］と［整形済みファイルの処理（Files）］に限って説明します．

　［テキストデータの編集（Edit）］は任意のタグをコーパスに付与することができる機能です．タグの種類は4種類あり，1語ずつに付く「語タグ」，1行ごとに付く「行タグ」，1行に1つ付け，1つのタグに様々な要素を併せ持てる「属性タグ」，複数行をまとめて扱う「ファイルタグ」です．「語タグ」と「行タグ」は，1つの語や行に対して複数のタグを付与することが可能です．例えば，英語学習者の英作文コーパスで誤用した語に語タグとして「誤用の種類」「正しい場合の表現」として2つのタグを付与することができます（図4）．

　HASHI は各語に付与された品詞や活用形あるいは誤用の種類などのタグ情報で検索しソートすることが可能です．これを利用すれば，例えば図

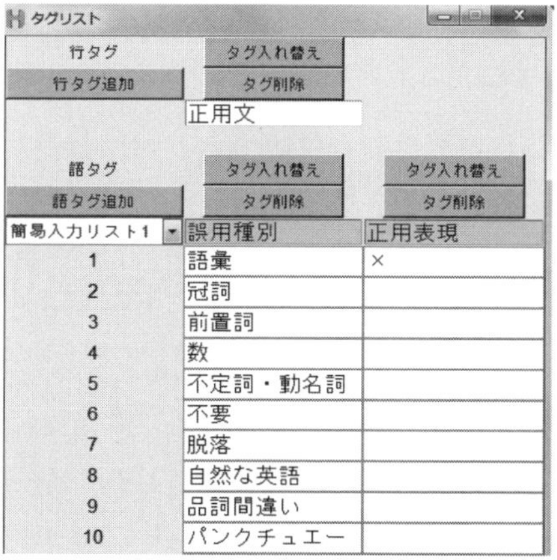

図4　語タグと行タグの例

```
that gap can be caused by  the          gap of      wealth .
 ---  ---  --- ---  ---   冠詞            数   前置詞 ---    ---

                  They use the           local foods that are safety
                   ---  --- ---  冠詞     ---  ---   ---  ---  品詞間違い

         did      they   in               old    days       , but I
な英語 自然な英語 自然な英語 前置詞        自然な英語 自然な英語  --- --- ---

days , but I  feel the gap of            the quality of  school education
                        ---  前置詞       ---  ---    ---  不要   ---

can be  caused by  the  gap of           wealth .
                   冠詞  数  前置詞        ---  ---

ie aims of  school education  are        also various now  .
 ---  ---   ---    ---       時制         ---  語彙     不要 ---

on between each schools has been         extended .
  ---   ---  数   ---    ---  時制        語彙     ---
```

図5　誤用種別ごとに表示された画面例

5 のように誤用種別ごとにまとめて表示させることができます。

［整形済みファイルの処理（Files）］では，作成済みのファイルデータを複製したり，分割あるいは結合したりすることができます。

17.3.3　Google books Ngram Viewer

Google books Ngram Viewer（https://books.google.com/ngrams）では，膨大な書籍のデータベースから，特定の表現がどれほどの頻度で使用されていたのかを年代を追って調べることができます。基本的な利用法は，比較したい表現をカンマ区切りで 2 種類入力して，検索ボタンを押した後に入力欄の下に表示されるグラフを見比べるというものです。

例えば，生徒が「激しい雨」を strong rain と表現し，heavy rain が正しいことを示すとき，heavy rain と strong rain を並べて入力するだけで，図 6（次ページ）のようなグラフが示されます。マウスのポインターで折れ線に触れると strong rain が heavy rain に比べて圧倒的に少ないことが数字で示されます。グラフの下部の Search in Google Books では，調べたフレーズがどの時期のどの本の中で使われ，かつ，どのような文脈で使用されているかが確認できるようになっています。

語法の変化も調べることができます。「大学に行く」は go to the

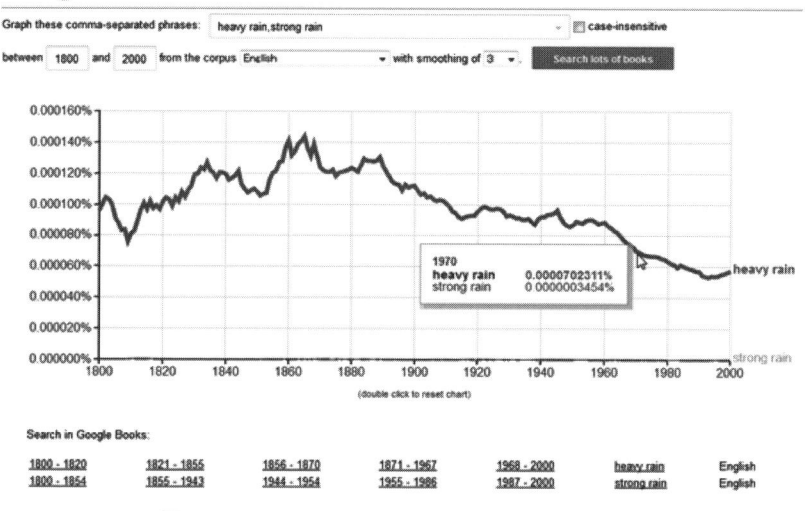

第17章 コーパスをより良く活用するために　229

図6　heavy rain と strong rain の使用変遷の比較

university が正用法とされていますが，近年 the が省略されることが多くなっています。両者を比較して検索すると，いつ頃から the の省略が始まり，最近はどのような使用傾向になっているかが分かります。試してみて下さい。

検索にはワイルドカード (*) を使うことができます。big * や large * と入力すれば，それぞれの共起語の使用変化を調べることができます。14.3 のいくつかの課題 (have * respect for, ride * my bike, send information * the Internet) を調べ，その結果を確認してみましょう。

品詞タグも使用可能です。動詞ならば「_VERB_」，名詞ならば「_NOUN_」，冠詞なら「_DET_」と表記します (詳細は，https://books.google.com/ngrams/info を参照)。ワイルドカードと組み合わせて，例えば experience_VERB _DET_ * と入力すると，動詞 experience の代表的な目的語 (sense, feeling, change, sensation, difficulty) の使用変遷を見ることができます。

17.3.4 Web VP

本節では，Web VP というインターネット上で無料で利用できるサービスを使って，任意の英文の語彙レベルを確認したり，教材に適したレベルに調整したりするための方法を紹介します。

Web VP (http://www.lextutor.ca/vp/eng/) は，第13章で紹介したAntWordProfiler とよく似た機能を持っています。AntWordProfiler はインターネットに情報を送信しないで使えるので，セキュリティーを重視する試験問題の作成時などにはこちらを使った方がよいでしょう。一方，Web VP を使うことで，ソフトウェアをダウンロード・インストールすることなく，ウェブブラウザー上で簡単に任意の英文テキストの語彙レベルを確認・調整することができます。以下，Web VP Classic v.4 (2013 年 6月 24 日現在) に基づいて，基本的な使い方と主なデータ項目の見方を説明します。

Web VP を利用するには，語彙レベルを調べたいテキストを初期画面 (図7) の上部にある [MAIN TEXT] というボックス内にコピー・ペーストまたは直接入力し，[SUBMIT] ボタンをクリックします。すると，

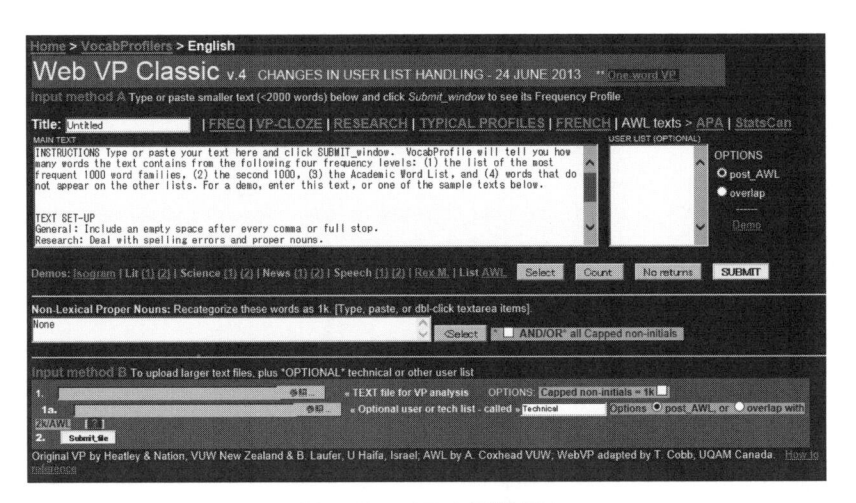

図7　Web VP の初期画面

処理結果が表示されます。

　試しに 13.2 で利用した VOA の "Animal-Related Diseases Concern Scientists" という記事を対象として処理してみて下さい．処理結果は AntWordProfiler の結果とほぼ同じものになりますが，数字の扱いなどが AntWordProfiler と異なるため，結果が少し異なることがあります．AntWordProfiler にない機能として，Web VP では機能語の語数・割合 (Function)，内容語の語数・割合 (Content)，ギリシャ語やラテン語起源の借用語ではないアングロサクソン系の英語の本来語の語数・割合 (Anglo-Sax) などの情報も得られます．英語では高頻度語ほどアングロサクソン系の本来語であることが多いため，この割合が高いほど，基本語が多く用いられていると言えます．

　そのほか，各レベルでカバーされる単語数の割合と累積割合，タイプ・トークン比 (type-token ratio：以下「TTR」)，用いられている全単語のうちで内容語の占める割合である語彙密度を示してくれます．上記のテキストに関しては，K1 Words (1-1,000) のレベルでカバーされる単語は全体の 72.67％で，K2 Words (1,001-2,000) のレベルでカバーされる 6.01％と合わせると，78.68％になっています (K1 Words と K2 Words はそれぞれ，AntWordProfiler の Level 1 と Level 2，つまり GSL の頻度に基づく上位約 1,000WF と下位約 1,000WF に相当します．WF については 13.2 を参照．)．TTR は値が高いほど用いられている語彙が多様であるということを示します．語彙密度はレジスターによって異なり，例えば学術論文は高く，会話は低い傾向があるため，分析対象の英文が「内容の濃い」，あるいは「内容の詰まった」文章であるのかどうかを判断する助けになります．

　AntWordProfiler 上で英文を書き換える方法を 13.4.1 で紹介しましたが，Web VP では英文の書き換えも処理結果の画面上で行うことができます．図 8（次ページ）の左下に表示されている編集スペース内でテキストを書き換えて，右にある［RE-VP］というボタンをクリックすると，書き換えた後の新しいテキストの語彙プロファイルが作り直され，新しく

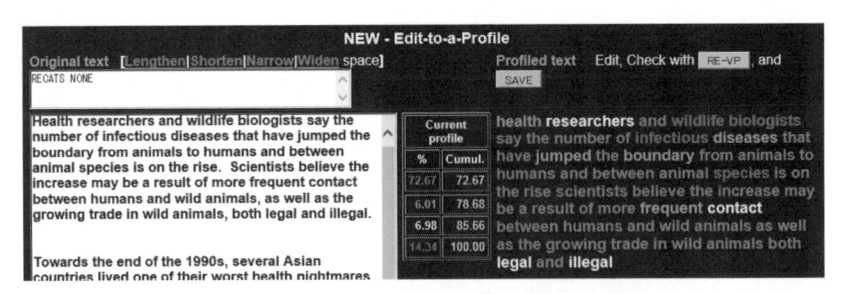

図8　Web VP の処理結果画面にある編集領域

使った単語のレベルをすぐに知ることができます。例えば，上記テキストの最初の文中の wildlife biologists はどちらも赤色で表示され，これは Off-List Words，つまり GSL の約 2,000WF にも AWL の約 570WF にも含まれない単語であることを示しています。これを 13.4.2 で書き換えたように scientists who study wild animals に書き換えて［RE-VP］ボタンをクリックすると，書き換えた部分が全て青色で表示され，GSL の上位約 1,000WF に含まれる易しい単語でできた表現になったと分かります。ちなみに K1 Words のカバー率は 72.67％ から 73.22％ に上昇しています。

　なお，GSL を使った分析に加えて，BNC や COCA の頻度データを利用した語彙レベル調査機能も Web VP の姉妹サイトの The Compleat Web VP!（http://www.lextutor.ca/vp/bnc/）で提供されています。

17.4　おわりに

　本書の各章と本章で紹介したコーパス関連ツールで，コーパスを活用するという目的にほぼ対応できますが，このツール群は一部に過ぎません。場合によってはこれらのツールで対応できない使用目的があるでしょう。その時には，Bookmarks for Corpus-based Linguists（http://tiny.cc/corpora）の［Software, Tools, Freq Lists, etc.］を見て下さい。さまざまなツールが紹介されています。根気よく探せば，ご自身の目的に適したツールが見つかるはずです。

読書案内

　本書をより良く理解していただくために，日本語で読むことのできる基本的な文献を紹介しましたので，参考にして下さい。

コーパスと英語教育
◆石川慎一郎（2008）『英語コーパスと言語教育——データとしてのテクスト』東京：大修館書店
　　言語教育に援用可能なコーパスの活用法とその実例が著者の研究を通して丁寧に解説されています。特に，第V章「コーパスと教材研究」では，教材研究・開発時における AntConc や EXCEL，Range などの活用方法が紹介されています。

コーパス分析
◆滝沢直宏（2006）『コーパスで一目瞭然——品詞別 本物の英語はこう使う！』東京：小学館
　　品詞情報や構文情報を利用してコーパスを検索し，特定の文法形式で共起する表現をランキング形式で提示した本で，非常に興味深い情報を得ることができます。

コロケーション
◆堀正広（2011）『例題で学ぶ英語コロケーション』東京：研究社
　　コロケーションを学ぶことの意義や類義語のコロケーション，日本人が間違いやすいコロケーションなどについて，例題を解きながらコロケーション全般を学ぶことができます。
◆塚本倫久（2012）『プログレッシブ英語コロケーション辞典』東京：小学館

約 2,500 語の基本語について，コロケーションと例文が示されています。日本語訳もついていますので，入門として最適です。

学習者コーパス

◆投野由紀夫（編）(2007)『日本人中高生一万人の英語コーパス――中高生が書く英文の実態とその分析』東京：小学館

　日本の中高校生が書いた英語を分析しその結果をまとめています。JEFLL Corpus の編纂過程，データ内容，分析事例，教育現場での利用方法が紹介されています。

◆投野由紀夫・金子朝子・杉浦正利・和泉絵美（編著）(2013)『英語学習者コーパス活用ハンドブック』東京：大修館書店

　学習者コーパスを使った事例研究やデータの処理方法などに関する情報が多く掲載されており，どのような手順で何を分析するかを学ぶことができます。

AntConc

◆金田拓・村上明 (2008) AntConc Tutorial Quick Start and Reference. http://www.antlab.sci.waseda.ac.jp/software/antconc3.2.2_tutorial_japanese.pdf

　AntConc の使い方を初心者にも分かりやすく解説してあります。AntConc におけるレマ化処理の手法，正規表現の代表的なものも掲載されています。

正規表現

◆大名力 (2012)『言語研究のための正規表現によるコーパス検索』東京：ひつじ書房

　言語データを正規表現でどのように処理すべきかについて，基礎的なところからしっかり学ぶことができます。

Google 検索

◆遠田和子（2009）『Google 英文ライティング——英語がどんどん書けるようになる本』東京：講談社インターナショナル

　コンピュータスキルに関する解説を最小限にとどめ，実務レベルの翻訳事例と英語表現の検索方法，その結果が豊富に掲載されています。Google 検索の解説書の中では，最も英語に特化した1冊で，辞書には掲載されていない自然な訳語・表現の抽出に注目しています。

統計

◆三浦省五（監修）・前田啓朗・山森光陽（編著）（2004）『英語教師のための教育データ分析入門——授業が変わるテスト・評価・研究』東京：大修館書店

　教育現場で利用することが多い，基本的なデータ分析方法を中心に解説している入門書です。

◆中野博幸・田中敏（2012）『フリーソフト js-STAR でかんたん統計データ分析』東京：技術評論社

　第16章で紹介した js-STAR の使い方を中心に，さまざまな統計手法を具体例を用いてわかりやすく解説しています。統計解析は実際にデータを使って手を動かしてみないと理解しづらいため，このような著書を見ながら練習すると理解が深まります。

参考文献

Aijmer, K. (2002). Modality in advanced Swedish learners' written interlanguage. In S. Granger, J. Hung, & S. Petch-Tyson. (Eds.) *Computer Learner Corpora, Second Language Acquisition and Foreign Language Teaching*: 55-76. Amsterdam: John Benjamins.

Biber, D., Conrad, S., & Peppen, R. (1999). *Longman Grammar of Spoken and Written English*. Harlow: Pearson Education Limited.

De Cock, S., Granger, S., Leech, G., & Mcenery, T. (1998). An automated approach to the phrasicon of EFL learners. In S. Granger (Ed.) *Learner English on Computer*: 67-79. London: Addison Wesley Longman.

Granger, S. (1998). Prefabricated patterns in advanced EFL writing: collocations and formulae. In A. P. Cowie (Ed.) *Phraseology: Theory, Analysis, and Applications*: 145-160. Oxford: Oxford University Press.

Granger, S., Dagneaux, E., Meunier, F., & Paquot, M. (2009). *International Corpus of Learner English*. Version 2 Handbook and CD-ROM. Louvain-la-Neuve: Presses universitaires de Louvain.

堀正広．(2009)．『英語コロケーション研究入門』東京：研究社．

堀正広．(2011)．『例題で学ぶ英語コロケーション』東京：研究社．

堀正広．(2012)．『これからのコロケーション研究』東京：ひつじ書房．

Hunston, S. (2002). *Corpora in Applied Linguistics*. Cambridge: Cambridge University Press.

井上永幸・赤野一郎（共編）．(2003)．『ウィズダム英和辞典 初版』東京：三省堂．

石川慎一郎．(2008)．『英語コーパスと言語教育――データとしてのテクスト』東京：大修館書店．

Ishikawa, S. (Ed.). (2013). *Learner Corpus Studies in Asia and the World*. School of Languages and Communication, Kobe University.

和泉絵美・内元清貴・井佐原均（共編）．(2004)．『日本人1200人の英語スピーキングコーパス』東京：アルク．

金田拓・村上明. (2008). AntConc Tutorial Quick Start and Reference. Retrieved from http://www.antlab.sci.waseda.ac.jp/software/antconc3.2.2_tutorial_japanese.pdf.

小林雄一郎. (2009).「日本人英語学習者の英作文における because の誤用分析」『関東甲信越英語教育学会紀要』第 23 号：11-21.

Leech, G., Rayson, P., & Wilson, A. (2001). *Word Frequencies in Written and Spoken English*. London: Routledge.

中野博幸・田中敏. (2012).『フリーソフト js-STAR でかんたん統計データ分析』東京：技術評論社.

齋藤俊雄・中村純作・赤野一郎（共編）. (2005).『英語コーパス言語学——基礎と実践　改訂新版』東京：研究社.

阪上辰也・古泉隆. (2008).「学習者コーパス「NICE」と ANC および BNC おける N-gram 表現の比較」杉浦正利（代表）『英語学習者のコロケーション知識に関する基礎的研究』：15-52.　平成 17-19 年度　科学研究費補助金（基盤研究（B））研究成果報告書.

Sugiura, M., Narita, M., Ishida, T., Sakaue, T., Murao, R., & Muraki, K. (2007). A Discriminant Analysis of Non-native Speakers and Native Speakers of English. Retrieved from http://ucrel.lancs.ac.uk/publications/ CL2007/paper/216_Paper.pdf.

投野由紀夫（編）. (2007).『日本人中高生一万人の英語コーパス——中高生が書く英文の実態とその分析』東京：小学館.

Tono, Y., Kawaguchi, Y., & Minegishi, M. (Eds.). (2012). *Developmental and Crosslinguistic Perspectives in Learner Corpus Research*. Amsterdam: John Benjamins.

投野由紀夫（編著）. (2013).『CAN-DO リスト作成活用　英語到達度指標 CEFR-J 活用ガイドブック』東京：大修館書店.

索　引

事項索引

あ行
アノテーション　3
オッズ　214
オッズ比　→効果量

か行
改行コード　133
カイ二乗検定　210
学習者コーパス　74, 130
過剰（一）般化　89
仮定法　57
仮説検証型　79
感嘆文　52
完了進行形　55
記述統計　200
機能語　190
共起語　6
均衡コーパス　3
句動詞　12
言語情報付与　3
検索演算子　174
語彙的コロケーション　11
効果量（オッズ比）　214
コーパス　2
異なり語（数）　124, 152, 159, 208
コロケーション　10, 42, 64, 220
コンコーダンサー　5
コンコーダンス　5

さ行
サイト検索　175

散布図　205
サンプリング　135
時制　54
受動文　55
助動詞　118
推測統計　201
正規表現　138
相関係数　203
相関分析　203
相互情報量　213, 219
総語数　124, 152, 159, 208
ソート　6, 62
属性情報付与　3
粗頻度　208

た行
対数尤度比　213
ダイス係数　217
タイプ・トークン比　124, 231
タグ付け　3, 141
探索型　80
置換機能　139
チャンク　97, 116, 121
中心語　5
つなぎ言葉　116
ディスコース・マーカー　221
テキストエディタ　5
テキストの整形　137
電子化　137
統計指標　213, 217
動名詞　56
特殊コーパス　3
ドメイン　31, 176

索　引　239

な行
内容語　190

は行
判別分析　124
汎用コーパス　3, 22
ピアソンの積率相関係数　207
比較　57
表記形　4
標準偏差　200
標本　202
品詞タグ　3, 40, 50, 67, 141
フレーズ検索　175
文型　53
文法的コロケーション　12
偏差値　200
母集団　201

ま行
見出し語化　4
命令文　53
メタキャラクタ　138
文字コード　133

ら行
レマ　4
レマ化　4, 152, 208

わ行
ワードファミリー　158, 208
ワイルドカード　41, 51, 66, 177

A
Academic Word List　157
AmE06　23
AND 検索　177
AntConc　144, 185
AntWordProfiler　156

B
Bank of English (BoE)　26
BE06　23
Big 5　222
bigram　122, 151
BNC*web*　25, 59
British National Corpus (BNC)　24, 59
Brown 系コーパス　22

C
CAN-DO ディスクリプタ　216
CasualConc　224
CEFR　216
CEFR レベル　102, 216
CLAWS　141
CLAWS4　90
CLAWS5　67
CLAWS7　40
CORPUS.BYU.EDU　24, 35
Corpus of Contemporary American English (COCA)　28, 35, 49, 115

E
English Vocabulary Profile (EVP)　102
enTenTen12　29

F
Freiburg Brown (Frown)　22
Freiburg LOB (FLOB)　22

G
General Service List　157
Google　174
Google books Ngram Viewer　228
Google Fight　177
G スコア　213

H
HASHI 226

I
ICCI (The International Corpus of Crosslinguistic Interlanguage) 76
ICLE (The International Corpus of Learner English) 78, 114
ICNALE (The International Corpus Network of Asian Learners of English) 77
IntelliText 25

J
JEFLL (Japanese EFL Learner) Corpus 75, 86, 97
js-STAR 211

K
KWIC 5

L
Lancaster-Oslo/Bergen Corpus (LOB) 22
lexical bundle 97, 220

M
Mutual Information (MI) →相互情報量

N
New York Times 31
n-gram 25, 121, 151, 194
NICE (Nagoya Interlanguage Corpus of English) 77

O
OCRソフト 137
OR/パイプ検索 177

P
Phrases in English (PIE) 25
PMW 209
Project Gutenberg 31

S
Sketch-Diff 機能 29
Sketch Engine 23, 29

T
The NICT-JLE (The National Institute of Information and Communications Technology Japanese Learner English Corpus) 79
The Oxford Text Archive 31
Thesaurus 機能 29
TIME 30
trigram 122, 151
type-token ratio (TTR) →タイプ・トークン比
T スコア 213, 219

W
WebCorp Live 32
Web VP 230
WordbanksOnline 26
Word Sketch 機能 29

事例索引

A
audience 180

B
ban 24
because 120, 192

big 45
but 192

C
clean 46
completely 115
crowdsourcing 33

D
danger 179
different 27, 115
dream 179

E
environment 25
experience 41, 42

F
find 54
fond 181
furniture 178, 180

G
give 16, 106
give you 110
global warming 28
go 103
good 46
go to there 82

H
hard 45
have 83, 105, 146
have been to 108
hear 15
heart 29
highly 115

I
I 195
I like 84
influence 6, 8, 11, 13
Internet 181

L
large 45
listen 15
look at 15
lovely 61-64
low 81

M
make 107, 149
Make it 111
massive 44
mind 29
money 81

O
offer 16

P
picture 91

R
respect 180
ride 181

S
see 15

T
take 87-93
terror 38
the 189
there 190

totally 115

V
very 196

W
watch 15
with 191

[編著者紹介]

赤野一郎（あかの　いちろう）
京都外国語大学教授。専門はコーパス言語学，辞書学。編著書に『ウィズダム英和辞典』（共編，三省堂，2003; 2007; 2013），『言語学の領域（II）』（共著，朝倉書店，2009），『英語コーパス言語学――基礎と実践』（共編著，研究社，2005）など。

堀　正広（ほり　まさひろ）
熊本学園大学教授。専門は英語学，文体論，コーパス言語学。編著書に *Investigating Dickens' Style: A Collocational Analysis*(Palgrave Macmillan, 2004)，『英語コロケーション研究入門』（研究社，2009），『例題で学ぶ英語コロケーション』（研究社，2011），『これからのコロケーション研究』（編著，ひつじ書房，2012）など。

投野由紀夫（とうの　ゆきお）
東京外国語大学大学院教授。専門はコーパス言語学，英語語彙習得。編著書に *Developmental and Crosslinguistic Perspectives in Learner Corpus Research*（共編著，John Benjamins, 2012），『英語学習者コーパス活用ハンドブック』（共編著，大修館書店，2013）など。

英語教師のためのコーパス活用ガイド
©Akano Ichiro, Hori Masahiro & Tono Yukio, 2014
NDC375／xii, 242p／21cm

初版第1刷――2014年4月10日

編著者―――	赤野一郎・堀　正広・投野由紀夫
発行者―――	鈴木一行
発行所―――	株式会社　大修館書店

〒113-8541 東京都文京区湯島 2-1-1
電話 03-3868-2651（販売部）　03-3868-2292（編集部）
振替 00190-7-40504
［出版情報］http://www.taishukan.co.jp

装丁者―――鈴木堯＋佐々木由美［タウハウス］
印刷所―――倉敷印刷
製本所―――難波製本

ISBN978-4-469-24585-1　Printed in Japan

Ⓡ本書のコピー、スキャン、デジタル化等の無断複製は著作権法上での例外を除き禁じられています。本書を代行業者等の第三者に依頼してスキャンやデジタル化することは、たとえ個人や家庭内での利用であっても著作権法上認められておりません。

英語コーパスと言語教育

データとしてのテクスト

石川慎一郎 [著]

●A5判・280頁
定価=本体2,600円+税

英語コーパスの系譜、コーパスの構築・分析技術、データの計量技法など、コーパスの基礎を徹底解説する第1部。その理解を活かすべく言語教育における言語・教材・学習者を対象としたコーパス研究事例を紹介する第2部。基礎と実践を結び、コーパス言語学の可能性を提示する。

主要目次

第1部 コーパス研究入門	第2部 コーパスと言語教育
第Ⅰ章 コーパスとはなにか	第Ⅳ章 コーパスと言語研究
第Ⅱ章 コーパス研究の技術	第Ⅴ章 コーパスと教材研究
第Ⅲ章 コーパスと言語の計量	第Ⅵ章 コーパスと学習者研究

英語コーパス分析の基礎から言語教育の実践へ

大修館書店　書店にない場合やお急ぎの方は、直接ご注文ください。☎03-3934-5131

英語学習者コーパス活用ハンドブック

A Handbook of Learner Corpus Research

国内の主要学習者コーパスを1冊でカバー！

投野由紀夫、金子朝子、杉浦正利、和泉絵美 [編著]　●A5判・258頁 定価=本体2,200円+税

本書は国内の主要学習者コーパスの概要と研究例を紹介し、その活用法を探る。学習者のエラー分析や理解度発達など、研究と指導の両面に有益な1冊。

【主要目次】
- 学習者コーパス研究のこれまでとこれから
- 学習者英語の国際比較——日本人英語の特徴を解明する
- 学習者英語の談話分析——会話を組み立てる力を解明する
- 学習者英語のコロケーション分析——単語を組み合わせて表現する力を解明する
- 学習者英語と母語話者との比較——ネイティブらしさのポイントを解明する
- 学習者英語の学習段階別分析——学習レベル別の英語の特徴を解明する
- CEFR基準特性と学習者英語——レベル別の学習目標を設定する
- 学習者英会話データの分析——日本人学習者の英語スピーキング能力を解明する
- 学習者英語の自動分析——日本人学習者のコミュニケーション・ストラテジーを解明する
- 学習者コーパスを活用した指導

大修館書店　書店にない場合やお急ぎの方は、直接ご注文ください。☎03-3934-5131